一気に
くびれる

背中革命

ayayoga

You'll get thinner once you start “ayayoga”!

Shufunotomosha

Prologue
はじめに

「ウエストが51㎝なんて、信じられない！」
——私のヨガクラスの生徒や、ヨガイベントに参加してくださったかたから、よく言われる言葉です。

いま「ヨガクリエーター」を名のって活動している私ですが、実はもともと、運動が苦手な女の子でした。いわゆるバリバリの文科系で学生時代は合唱部員でしたから、まさかこんなにもヨガにのめり込むなんて。18年前の私がいまの私を見たら、びっくりすることまちがいなしです。

そんな私がなぜ、ヨガに出会ったか——かいつまんでお話しします。

栃木県で生まれ育った私は、やがてアメリカへ留学。食生活がガラリと変わったせいで、なんと3カ月で20kgも太ってしまいました。留学前からぽっちゃりしてはいましたが、顔もパンパンになり、だれ？とびっくりされるくらい変わってしまったのです。

とはいえ、当時は怠け者で、太ったとはいっても洋服でごまかせてしまい、「なんとなくマズい」と思う程度。いつも、「ヤバい」とは思いつつ、食べることのほうが楽しくて……ダイエットはついついあと回し。太ると体が重いだけでなく、かみ合わせが悪くなり、顎《がく》関節症になったこともありました。

「『太っていた』と言ってもなかなか信じてもらえないのですが、今回特別に（笑）。昔のリアルな姿です」

そんな留学中のある日、交通事故にあって脳挫傷を負い、約3日間意識不明の重体に――。意識を取り戻しても、歩くこともままならず、日本へ帰国することもできない、まさにどん底のシチュエーション。そんなとき、リハビリを兼ねて始めたのが、ヨガとの最初の出会いでした。

「瞑想って何？」――というゼロ地点からのスタート。わけがわからず、ついていけない！　と感じたことも。しかし、ある日参加したクラスの先生から「一生に1回でいいから、自分のパーフェクトな体を見てみたくない？」と言われ、一念発起！

女の子ですからもちろん、常にきれいになりたい気持ちはありました。けれど、ぽっちゃり体型だった当時の私はどこか卑屈になっていたし、「きれいになりたい」と声に出すの

も恥ずかしかった。でも、ヨガを始めて少しずつ体に変化があらわれてきたタイミングでかけられたこの言葉が、すっと自分のなかに入ってきて。そしてようやく心から「きれいになりたい」「理想の体に近づきたい！」と思えるようになったのです。

結果、ヨガを始めて3カ月ほどで、留学前の体重に戻すことに成功！　いちばん太っていた時期に63kgあった体は徐々にしぼられ、いまでは体重42kg。特にくびれを実感したウエストは、51〜53cmを保つまでになりました。

また、何事も「突き詰めたい」タイプの私はどんどんヨガにのめり込み、さまざまなスタイルを学び、とうとう教える立場になっていました。

運動オンチだった女の子が、まさか指導者になるとは！

おかげさまで、延べ30万人を超える生徒に指導をし、いまでは〝予約が取れないヨガクラス〟といわれるまでになりました。

ヨガは女性らしいしなやかなボディをつくるだけでなく、肩こりや冷えといった不調も改善します。ジムでハードな運動をするよりもハードルが低く感じられるせいか、ヨガビギナーにはオトナ世代の女性が多く、私の生徒も、ほとんどがアラフォー世代以上。

そんな生徒たちと長年接し、体を観察するうちに、気づいたことがあります。それは多くの人が「背中が丸まって、動かせていないこと」。丸まった背中、たるんだ背中で損をしている女性が多いなと感じるようになりました。

「自分の体に興味をもつと、どんどんキレイになる！　それは、生徒たちの姿を見て実感しています」

背中にはカラダ年齢が如実にあらわれ、その人の印象を左右する！　と私は思っています。

シャキッと背筋が伸びた美しい姿勢は美人度を上げ、自信に満ちた姿に映ります。でも逆に、温泉に行ったとき、背中からお尻がたるんでいる人が、「お年を召しているのかな」と前を見ると20代くらいだったり、ハリのある背中で「きっと若い人だろう」と思っていると50代くらいの女性だったりと、背面と前面でのギャップを感じることも多々あります。

背中は自分でじっくりと見ることができず、衰えを目で確認することがなかなかできないパーツ。また意識して使うことがあまりないため、ほうっておくと日々衰えていきます。本来、どんな人にも筋肉がついているのに、動かさずにいることで「必要のない筋肉なんだ」とお肉が勝手に判断し、眠りについてしまうのです。しかも、基本的に隠れてしまう場所なので、ケアもおざなりになりがち。

また、パソコンやスマホの普及により前かがみの姿勢で長時間いることが多くなった現代人は、背中が前に引っぱられ、筋肉が常に緊張状態になる宿命とともに生きています。背中の筋肉がちぢこまり、かたくなることでめぐりが悪くなり、代謝もダウン。使わないことでさらにかちこちな背中に仕上がっているのです。背中を使わずにいると姿勢が悪くなるだけでなく、呼吸も浅くなり、内臓にも負担がかかってしまいます。まさに、負のスパイラルに陥っていくというわけです。

でも、安心してください。いままで意識して使うことのなかった背中にちょっと意識を向けるだけで、体全体が変わっていきます！
なぜ背中を刺激するとやせていくのか――その秘密はのちほどくわしくお話ししますが、理論はさておき、まずは体を動かしてほしいのです。

今回、私は「背中」にフォーカスして効率的に体を動かすエクササイズを考えました。しかも、体がかたくても、運動経験がなくても、だれにでもできる！――これが、ご紹介する「ａｙａｙｏｇａメソッド」です。

背中を刺激するというと、キツい「背筋運動」を思い浮かべる人も多いかもしれませんが、ａｙａｙｏｇａの体操では〝うつぶせで上体を反らす〟など、ハードな動きをする必要はありません。意識して背中を使うだけで、背中に十分な刺激を与えることができます。

「〝背中を使う〟ってどうすればいいの？」という声が聞こえてきそうですね。私自身、太っていたときは肩甲骨がどこにあるかもわからないくらいで、「肩甲骨から腕を動かして」と言われても「どこ？」ととまどいました。

でも、答えは簡単。腕を後ろに引き、胸を開くだけです。ただし、ただ腕を後ろに引くのではなく、「手のひらを返す」ことで、胸を大きく開いて肩甲骨を寄せ、体側や腕の内側など、幅広いパーツと連動させるのです。

ヨガが専門なのに、こんな簡単な体操だけ？と思われるでしょう。
みなさんの「きれいになりたい！」という気持ちに寄り添い、そのお手伝いをするには、とにかく「簡単」であることが大事だと思いました。

だれでも続けられ、しかも姿勢がよくなり、くびれもできる――「ayayogaメソッド」が効くかどうか、手始めに私のクラスの生徒たちに試してもらいました。すると、個人差こそあれ、全員の背中がたった2週間でみるみる薄くなり、くびれも出現！　メリハリのあるボディがかなったのです。

手のひらを返し、胸を開くことで「ウエストがくびれてきた」「ポカポカした」「肩こりがラクになった」――そんな少しの変化に気づくことができれば、さらに体を動かすことが楽しくなり、いつの間にか心も前向きになれるはず。

さあ、いままで手をかけてこなかった背中を鍛えることで、変わっていく自分を楽しんでください。

Why?

短期間でボディラインを変えられる秘密は

背中への刺激！

「やせたい」「くびれが欲しい」と思ったとき、
おなかを鍛えることに目を向けてしまいますが、
実は背中を鍛えることこそが、しなやかな
メリハリボディを手に入れる近道。
いままで意識して使ってこなかった“未開の地”背中を耕すことで、
ウエスト50cm台も夢ではなくなるのです！

Why?

背中を刺激するとどうして効果が出るの？

1 ふだん、なかなか"使えていない"部位だから

歩くとき、座るとき、立ち上がるとき。日常生活のなかで、意識して背中を使ったことはありますか？　多くの人が「NO」と答えるでしょう。そして、他人からは見られているのに、自分の背中をじっくりと見たことがないはずです。猫背ぎみの人、反り腰の人、下着からのはみ肉が目立つ人……「残念」な状態は、どれも背中を使っていないことが原因です。

背中には、体を支える大きな筋肉が存在します。それらを使わずにいると姿勢が悪くなり体型がくずれるだけでなく、肩こりや腰痛なども引き起こしますが、刺激を与えることで結果を出しやすい場所でもあります。いままで使えていなかったからこそ、刺激を与えることですぐにこたえてくれるのです。

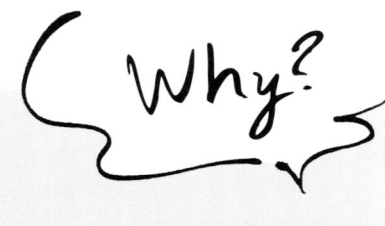

2

肩甲骨まわりの「褐色脂肪細胞」を活性化させるから

背中が使えていない人の多くは、肩が内側に入って猫背になる、いわゆる「巻き肩」。なかにはスムーズに腕を動かすことができない人も多くいますが、これは背中のなかでも肩甲骨まわりの筋肉がこりかたまっているのが原因です。

そこで、肩甲骨まわりを集中的に刺激する体操「ａｙａｙｏｇａメソッド」を考案しました。ここには脂肪を燃やしやすくする「褐色脂肪細胞」が存在することがわかっています。肩甲骨まわりを動かすことで褐色脂肪細胞を活性化させ、代謝アップをはかります。褐色脂肪細胞は肩甲骨まわり以外にも首のつけ根や背骨のまわりに多くあるといわれています。まさに「ａｙａｙｏｇａメソッド」で刺激を与えたい部分です！　ただ年齢を重ねるごとに減っていき、増えることはないため、常に刺激を与えて働きを活発にすることがポイントに。熱を生み出す細胞なので、筋肉を動かすことでポカポカしてきたら、刺激がきちんと伝わっている証拠です。

3

姿勢がよくなり肋骨が引き上がるから

背中が丸まっていると内臓が圧迫され、肋骨も広がって下がり、ゆがんでしまいます。肋骨が広がっている人はみな、くびれのないずんどうな体型。おなかまわりの肉がたるんで、段々に重なってしまうのです。

背中に刺激を与えて、鍛えることで、筋肉が正しく使えるようになり、猫背が改善されます。姿勢がよくなれば肋骨も正しい位置に戻り、くびれもよみがえります。下がっていた内臓の働きもスムーズになり、外から内側から、健康な体に近づきます。

スクワット」だけで

2週間で変わった！

背中革命

→ After

part 1

「こんにちは体操」と「腕伸ばし

20代~60代の Before —

「やせる」「くびれる」「美しくなる」ために
注目したのが、背中。
体の中心なのにふだんなかなか
使えていない背中に効率よく
刺激を与える動きを、2つの運動に凝縮しました。
モニターが実践すると、ウエストやお尻、
二の腕など、体のあちこちに驚きの変化が！

Key Point!

油断しがちな背中!
ここを鍛えるだけで
2週間で
きれいになります

他人からは意外と見られているのに自分では
じっくりと見ることのない背中こそ、
年齢や体型のゆるみが如実にあらわれるパーツ。
しかも体をメインで支える重要な筋肉があるにもかかわらず、
意識して使うこともありません。
だからこそ、眠った筋肉を目覚めさせることが大切なのです。

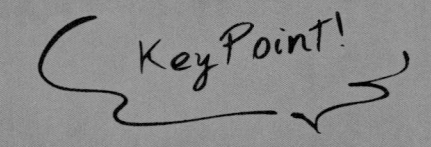

「背中のたるみ」、こんなことになっています!

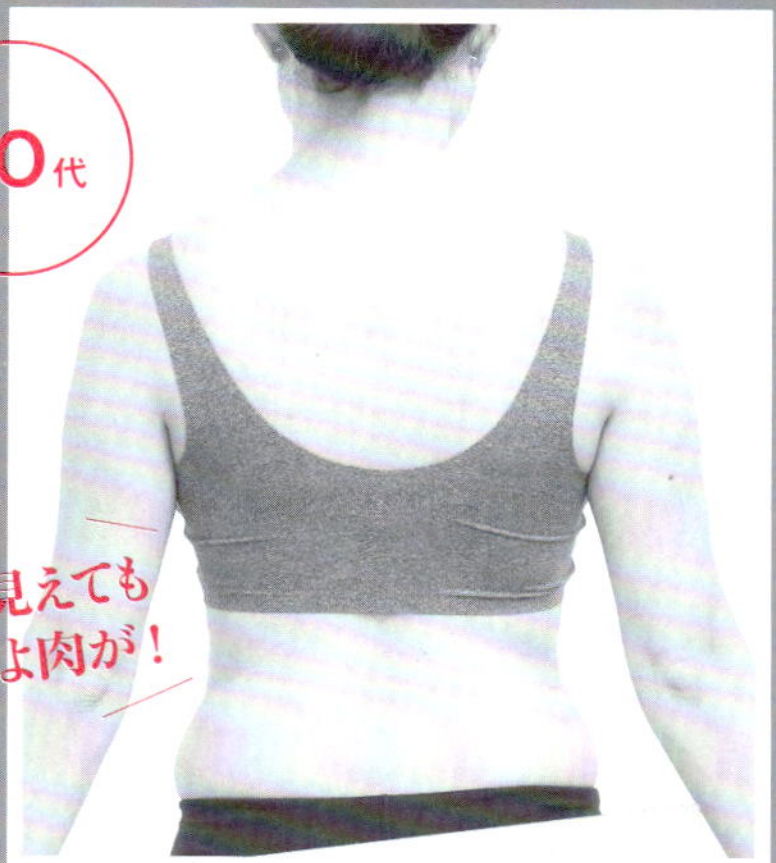
20代
やせて見えても
ぽよ肉が!

20代
肩甲骨が埋もれて
見えない!

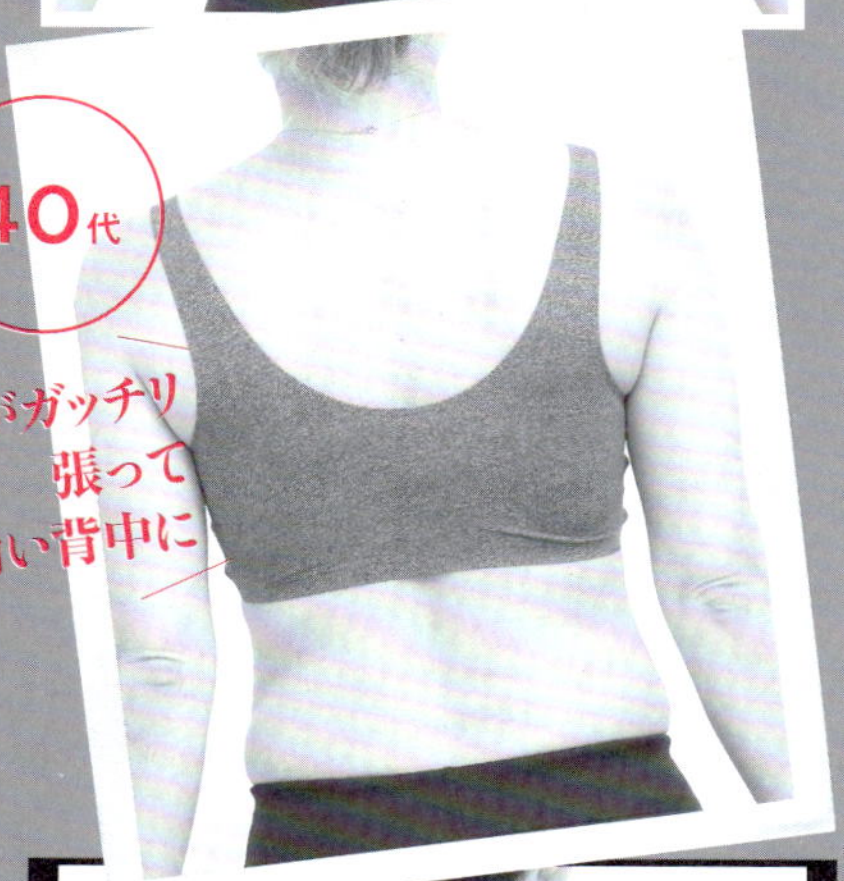
40代
肩がガッチリ
張って
四角い背中に

30代
全体に丸みを
帯びた
ふっくら感が

60代
肉質が変化し、
背中全体の
お肉がたれぎみ

50代
段々腹ならぬ
"段々背中"!

1日3分×2週間

たった2つの動きで背中に効率よく刺激を与える！

背中を鍛えるというと、上体を反らせる〝背筋〟を思い浮かべますが、多くの場合腰を痛めやすく、キツいわりに背中の筋肉はあまり使えていないのが実情です。

ａｙａｙｏｇａは、特に肩甲骨まわりの筋肉を動かして全身に刺激を与えていきます。太陽に向かって「こんにちは！」と元気にあいさつをするように胸を開くだけ。むずかしい動作はありませんが、「手のひらを返す」ことで体じゅうに負荷がかかり、効果が上がるのが特徴です。毎日続けることで背中の柔軟性が上がり、めぐりのよい体になっていきます。

基本ルール

- ☑ 2週間毎日やり続けること
- ☑ 食事制限は特になし

ayayogaメソッド

基本 1

これだけは押さえて！

こんにちは体操

手のひらを返し、大きく胸を開いて肩甲骨を動かす、名づけて「こんにちは体操」。1分も続ければ体がポカポカとして、全身のめぐりがよくなっていくのがわかります。ポイントは、手の指をしっかり広げ、親指から大きく手のひらを返すこと。

＼こんにちは!!／

かかと、ひざの内側をつけてまっすぐ立つ。手のひらを大きく返し、肩甲骨を寄せて胸を開く。空を見上げるように顔を上げ、「こんにちは！」と元気よく、胸を開くのがコツ。胸を開く→ゆるめて脱力する、を連続して10回以上行って。

くわしいやり方&効果は42ページで紹介します！ to be continued!

ayayogaメソッド

基本

2

腕伸ばしスクワット

上半身のストレッチと下半身の筋トレを組み合わせた「腕伸ばしスクワット」。両手を組んで手のひらを返せば、腕の内側がしっかりと伸び、背中や全身にばっちり効いてきます。スクワットで下半身を強化し、脚の形がスッときれいになる、うれしい効果も！

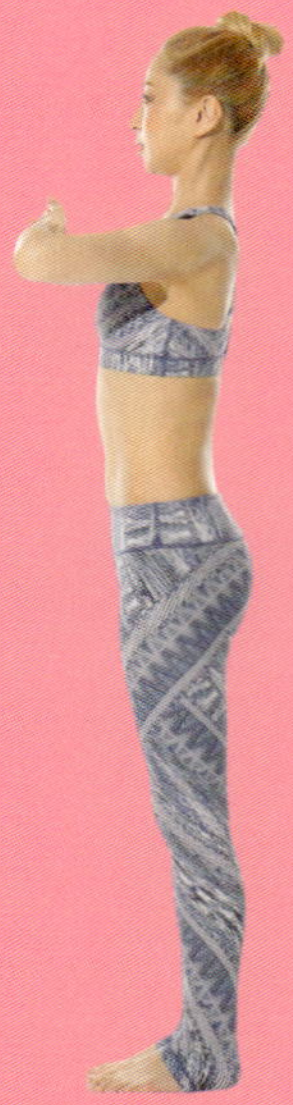

基本

かかと、ひざの内側をつけてまっすぐ立ち、腕を肩の高さに上げて手を組む。お尻を後ろにつき出し、手のひらを返して腕をしっかり伸ばす。腕の関節のつまりが解消し、代謝アップにつながる。ひざがつま先より前に出ないように。

ひねり

お尻を後ろにつき出し、手のひらを返して腕を横方向に伸ばす。重心をとろうと太ももの内側が鍛えられ、ヒップアップにつながる。このとき、ひざが横を向いたり離れたりするのはNG。上半身だけひねるよう心がけて。

この2つの体操で出た結果は次のページでチェック！

くわしいやり方&効果は46ページで紹介します！ to be continued!

ayayogaメソッド

モニターさんが体験

「こんにちは体操」&「腕伸ばしスクワット」は2週間で効果あり！

背中に効率よく刺激を与えられる「ayayogaメソッド」の体操に、20代〜60代の幅広い世代の女性が挑戦。日ごろからヨガやジムなどで体を動かしているものの「背中」に特化したトレーニングは初めてという彼女たち。回数のしばりも、食事制限もなしでおなかやお尻、二の腕など体全体に驚きの変化が！ たった2週間でどれだけ体が変わったか、その目で確かめて。

これだから続く!

基本ルール

□ **食事はふだんどおりでOK**

特別な食事制限はなし。「体のために何を食べるか」選択する意識はもって！

□ **「短時間」でも毎日!**

体操の“回数”制限はなし。あき時間に意識して楽しく！ やれば、無理なし。

□ **背中に意識を向ける**

体を動かしながら、意識して脳に「背中を使っている」と伝えると効果UP。

ヒップアップ&メリハリが出た!!

背中を鍛えることで姿勢がよくなり、ぐんとボディラインが整います。
また、お尻の筋肉も引き上げられ、ヒップアップにつながります。

After
Before
30代
Tさん
キュッと
小尻に!
After
Before
60代
Mさん
くびれが
出現!

巻き肩が改善!

肩が内側に入るのは背中が使えていない証拠。またスマホやPCの長時間使用で、肩のゆがみが生じます。鍛えれば、シャキッと美姿勢に。

After
Before
肩の位置が
変わった!
20代
Yさん

柔軟性がUP!

使っていないとかたくなり、血流が悪くなる筋肉。2つの体操で背中の筋肉をたっぷり動かすことでやわらかくなり、血流も改善されます。

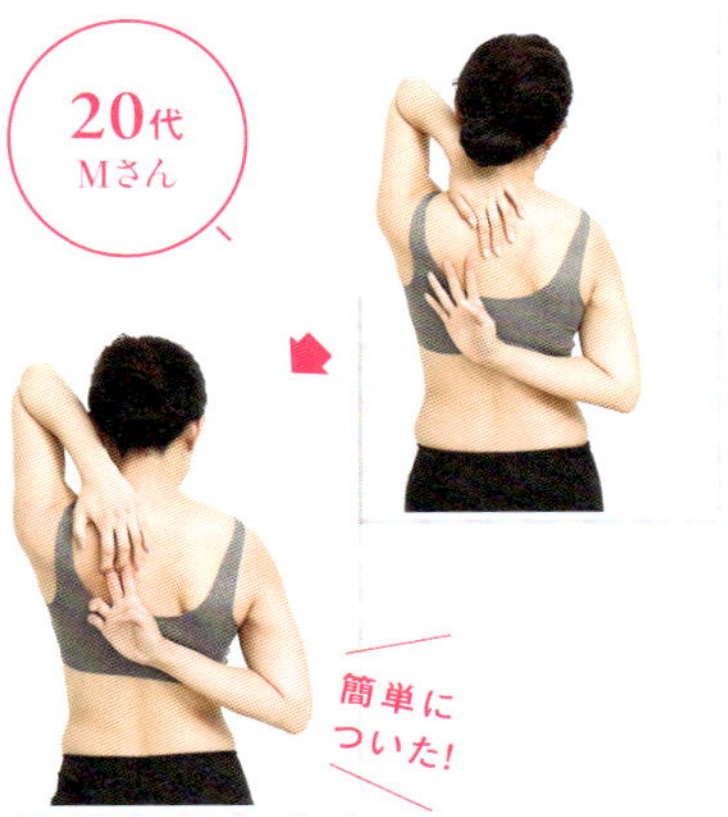
20代
Mさん
簡単に
ついた!

※効果には個人差があります。

After
Before
ウエスト
-8cm
ぽにょっとはみ出たおなか
はみ肉が減り
くびれが出現！

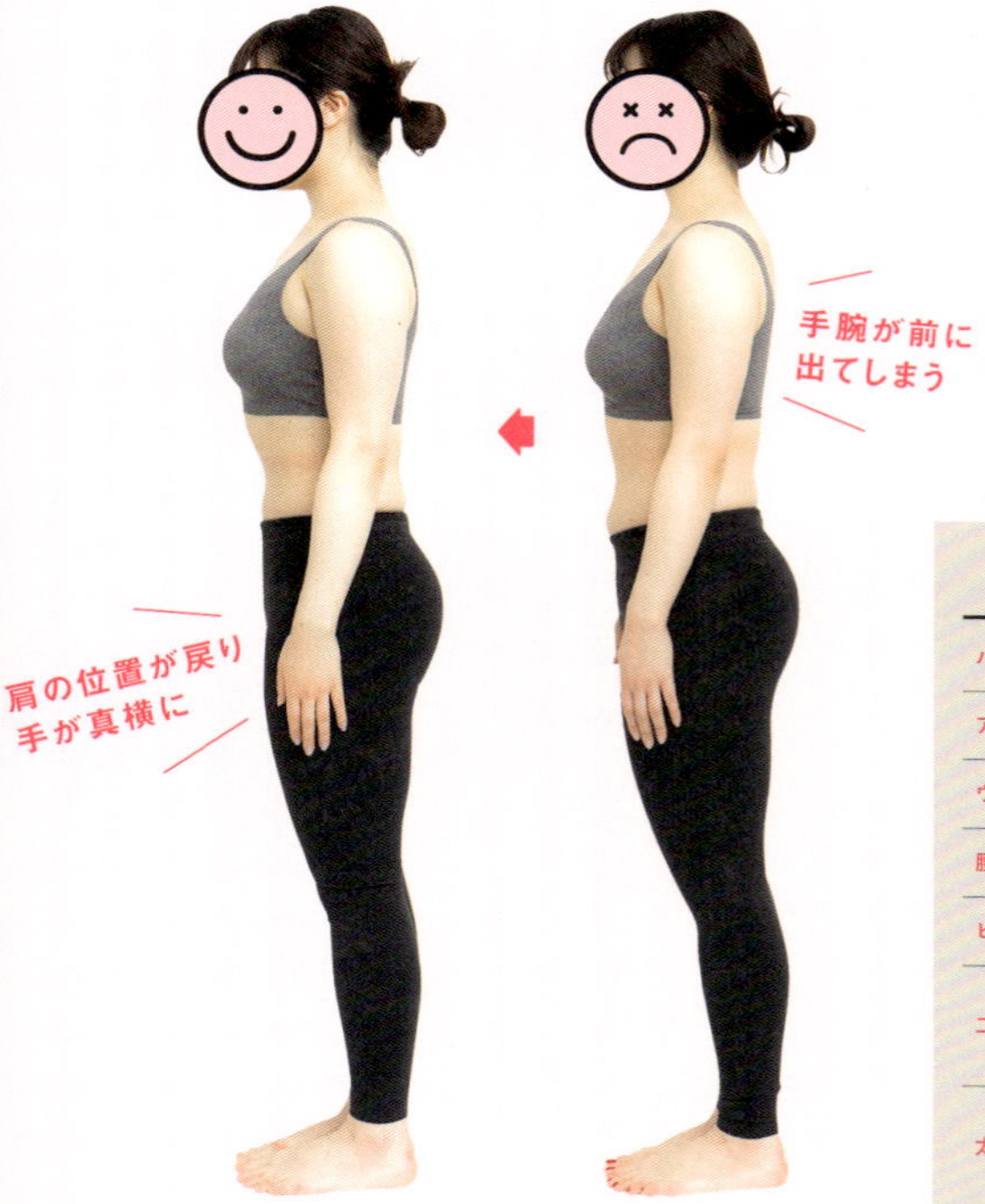
手腕が前に
出てしまう
肩の位置が戻り
手が真横に

20代

Yさん（26歳）

腰回りが細くなり 肩〜二の腕もほっそり！

「立ち仕事で腰痛が悩みでしたが、体操を始めて4日目には痛みがやわらいできました。1週間で肩ラインがすっきりし、くびれも……。ぴたっとしたカットソーを着ても肉感が気にならなくなりました」

	Before	After	
バスト	89.0cm	89.0cm	±0cm
アンダーバスト	75.2cm	71.8cm	-3.4cm
ウエスト	75.6cm	67.6cm	-8.0cm
腰回り	94.0cm	87.4cm	-6.6cm
ヒップ	98.0cm	94.5cm	-3.5cm
二の腕	(右)28.8cm	(右)28.1cm	-0.7cm
	(左)29.3cm	(左)27.5cm	-1.8cm
太もも	(右)59.0cm	(右)56.6cm	-2.4cm
	(左)58.6cm	(左)56.4cm	-2.2cm

20代

Mさん（27歳）

After
Before
ウエスト
-3.2cm
おなかまわりが
もったり……
ボディラインに
メリハリが

反り腰が改善され姿勢美人に近づいた!?

「パソコンに向かう時間が長く、猫背になりがちでした。２つの体操に加え正しい立ち方も意識するようにしたら背筋が伸びて、出ていたおなかも引っ込んだ気が。疲れにくくなったのもうれしい効果です」

背筋がまっすぐ
伸びるように!
おなかが出て
かなり反り腰

背中で合掌が
できた!!

	Before	After	
バスト	79.2cm	79.0cm	-0.2cm
アンダーバスト	68.6cm	66.3cm	-2.3cm
ウエスト	66.2cm	63.0cm	-3.2cm
腰回り	81.4cm	83.6cm	+2.2cm
ヒップ	88.9cm	87.5cm	-1.4cm
二の腕	(右)25.5cm	(右)23.6cm	-1.9cm
	(左)26.2cm	(左)24.4cm	-1.8cm
太もも	(右)50.4cm	(右)48.9cm	-1.5cm
	(左)50.6cm	(左)48.4cm	-2.2cm

30代

Tさん（36歳）

丸まった背中が開き デコルテがすっきり！

「育児真っ最中で前かがみになることが多く、猫背。手のひらを返しながら胸を開くと、鎖骨まわりもほぐれて気持ちがいいんです。入浴後に体操をして寝る習慣をつけたら、翌朝の目覚めもよくなりました」

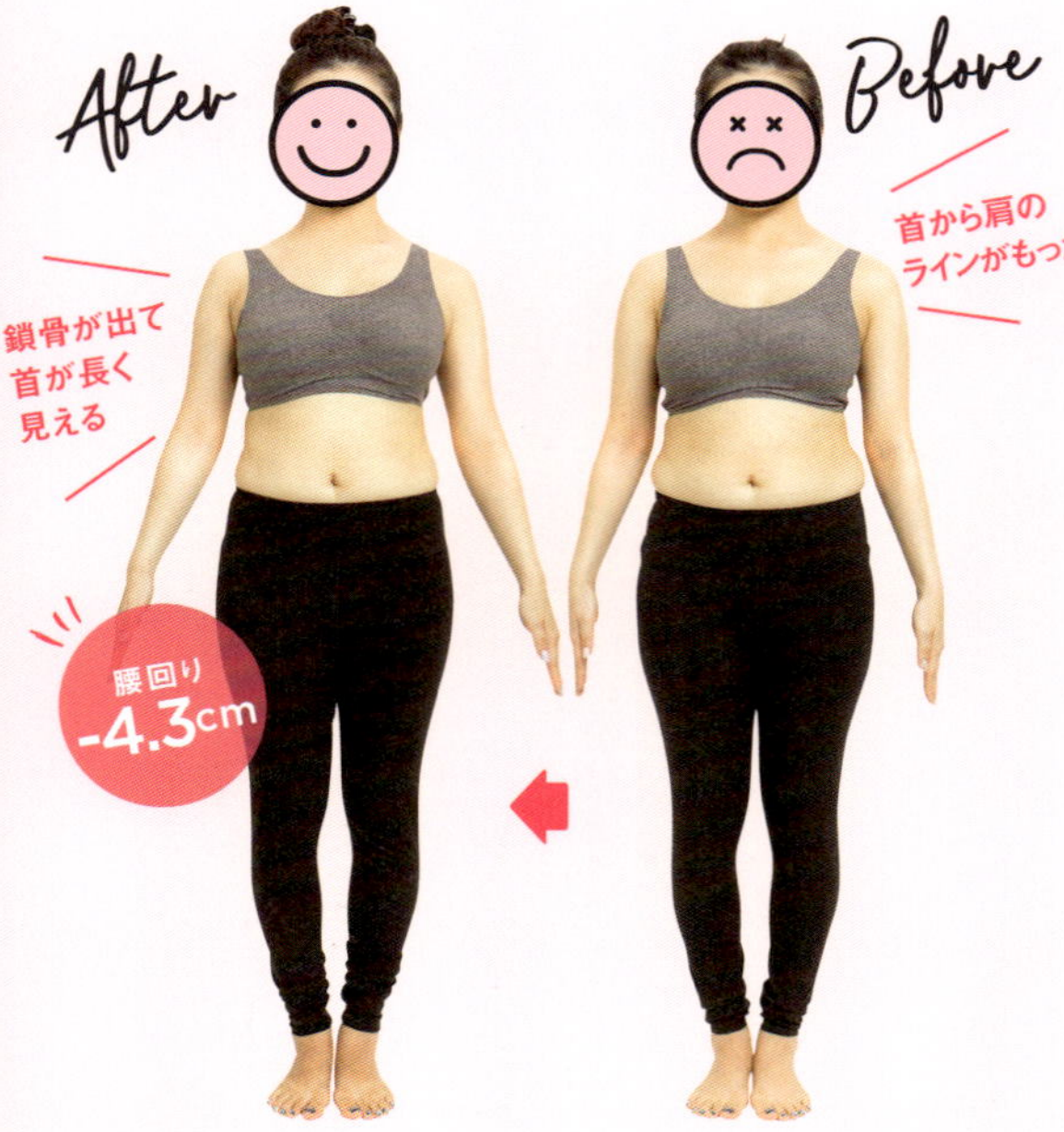

After
Before
首から肩の
ラインがもったり
鎖骨が出て
首が長く
見える
腰回り
-4.3cm

柔軟性もUP

肩甲骨の高さで合掌ができた

手もすっと組めるようになった

	Before	After	
バスト	81.5cm	82.6cm	+1.1cm
アンダーバスト	71.7cm	68.9cm	-2.8cm
ウエスト	70.0cm	66.4cm	-3.6cm
腰回り	80.7cm	76.4cm	-4.3cm
ヒップ	89.4cm	87.4cm	-2.0cm
二の腕	(右)21.5cm	(右)23.4cm	+1.9cm
	(左)25.4cm	(左)23.4cm	-2.0cm
太もも	(右)49.8cm	(右)48.3cm	-1.5cm
	(左)48.0cm	(左)45.9cm	-2.1cm

40代

Sさん（44歳）

背中がやわらかくなり 体の厚みが薄くなった

「初日に腰を痛めるアクシデントがあり、思うように体が動かせなかったのですが、小さな動きでも続けるうちに、腰の痛みもなくなりました。肩から背中のこりがほぐれ、腕がスムーズに動くように」

After
Before
肩が下がり
バランスアップ!
左肩が上がり
体が斜めぎみ
腰回り
-4.6cm

ひと回り
薄くなった!
おなかが
つき出た印象

柔軟性もUP

合掌の
位置が高く

	Before	After	
バスト	84.5cm	83.5cm	-1.0cm
アンダーバスト	72.1cm	69.3cm	-2.8cm
ウエスト	68.3cm	65.4cm	-2.9cm
腰回り	81.0cm	76.4cm	-4.6cm
ヒップ	88.7cm	86.4cm	-2.3cm
二の腕	(右)26.0cm	(右)24.0cm	-2.0cm
	(左)24.5cm	(左)23.5cm	-1.0cm
太もも	(右)52.3cm	(右)51.5cm	-0.8cm
	(左)51.5cm	(左)51.3cm	-0.2cm

50代

Iさん(52歳)

滞りが改善され全身が大幅サイズダウン

「単純な動きだから楽勝!? と思ったのですが……始めて1週間は背中全体に痛みを感じ、いかに背中を使っていなかったのかを実感。背中だけでなく、顔や二の腕もシュッとし、ヒップも上がって驚き!」

After
Before
ウエスト
-10.3cm
はみ肉が減り
すっきり!
でっぷりした
おなかが残念

二の腕
-4cm
キュッと
締まった!
体の厚みには
貫禄も……

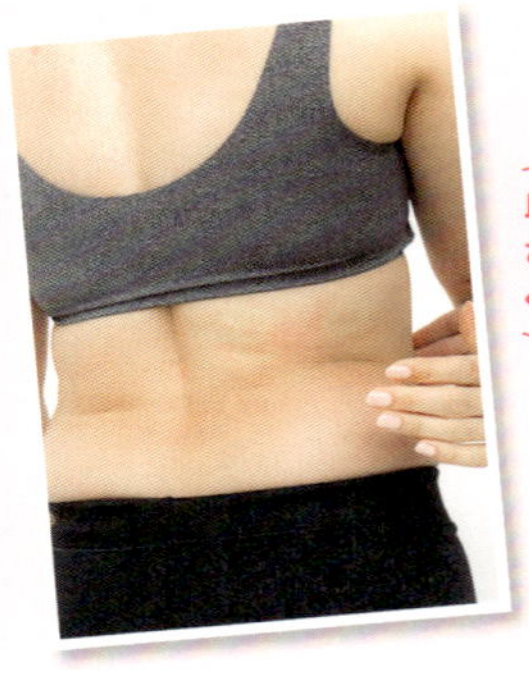
血流が悪く、
さわると指のあとが
くっきり残っていた

	Before	After	
バスト	83.5cm →	79.5cm	-4.0cm
アンダーバスト	74.8cm →	69.8cm	-5.0cm
ウエスト	74.2cm →	63.9cm	-10.3cm
腰回り	84.0cm →	79.0cm	-5.0cm
ヒップ	89.0cm →	84.0cm	-5.0cm
二の腕	(右)28.5cm →	(右)25.1cm	-3.4cm
	(左)29.0cm →	(左)25.0cm	-4.0cm
太もも	(右)52.3cm →	(右)48.3cm	-4.0cm
	(左)51.5cm →	(左)49.6cm	-1.9cm

After
Before
全体にぼやけた
ボディライン
メリハリが
出てきた!
ヒップ
-4.9cm

60代

Mさん（60歳）

楽しんで続ければ還暦でも体は変わる!

「こんにちは体操は30回からスタートして、腕に疲れを感じなくなったら回数を増やすようにしていました。販売の仕事をしているのですが、合間にこっそりできて腰や肩の疲れもケアできるのがよかった」

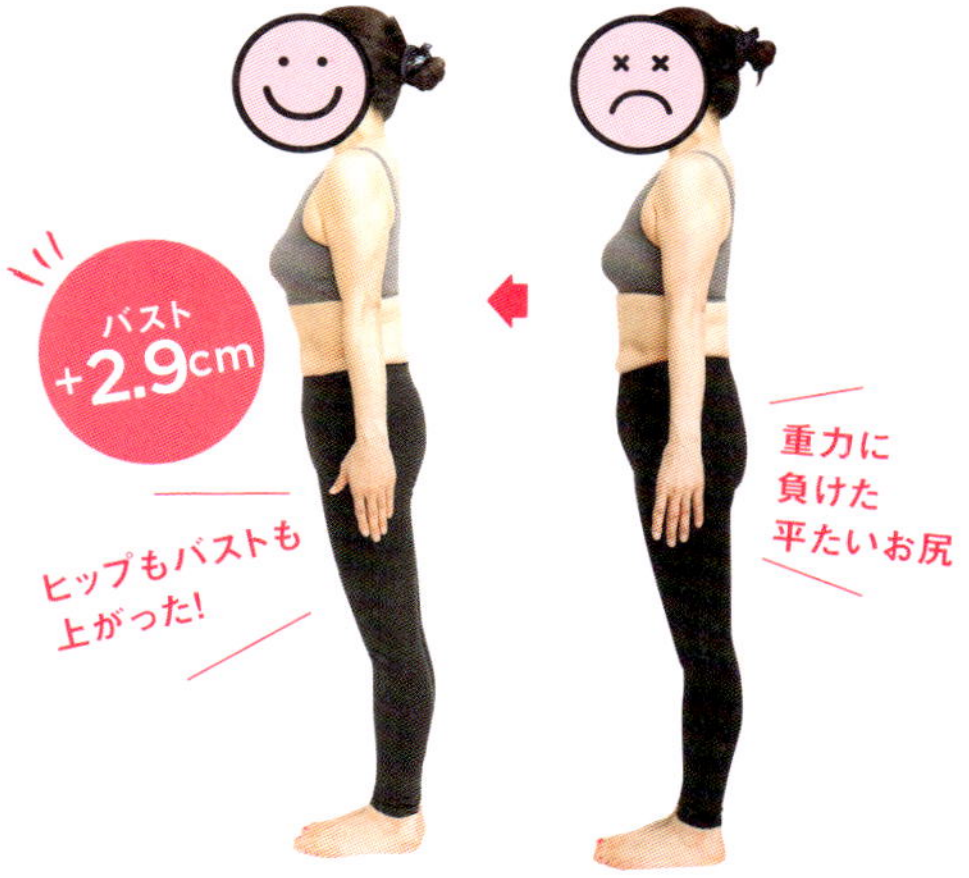
バスト
+2.9cm
ヒップもバストも
上がった!
重力に
負けた
平たいお尻

肩甲骨の可動域が
広がりまくり!

	Before		After	
バスト	82.5cm	→	85.4cm	+2.9cm
アンダーバスト	73.3cm	→	72.7cm	-0.6cm
ウエスト	71.0cm	→	68.5cm	-2.5cm
腰回り	88.3cm	→	84.9cm	-3.4cm
ヒップ	91.4cm	→	86.5cm	-4.9cm
二の腕	(右)24.5cm	→	(右)22.3cm	-2.2cm
	(左)24.6cm	→	(左)22.7cm	-1.9cm
太もも	(右)49.5cm	→	(右)45.4cm	-4.1cm
	(左)49.5cm	→	(左)46.8cm	-2.7cm

part 2

背中に効かせる! ayayogaメソッド 決定版

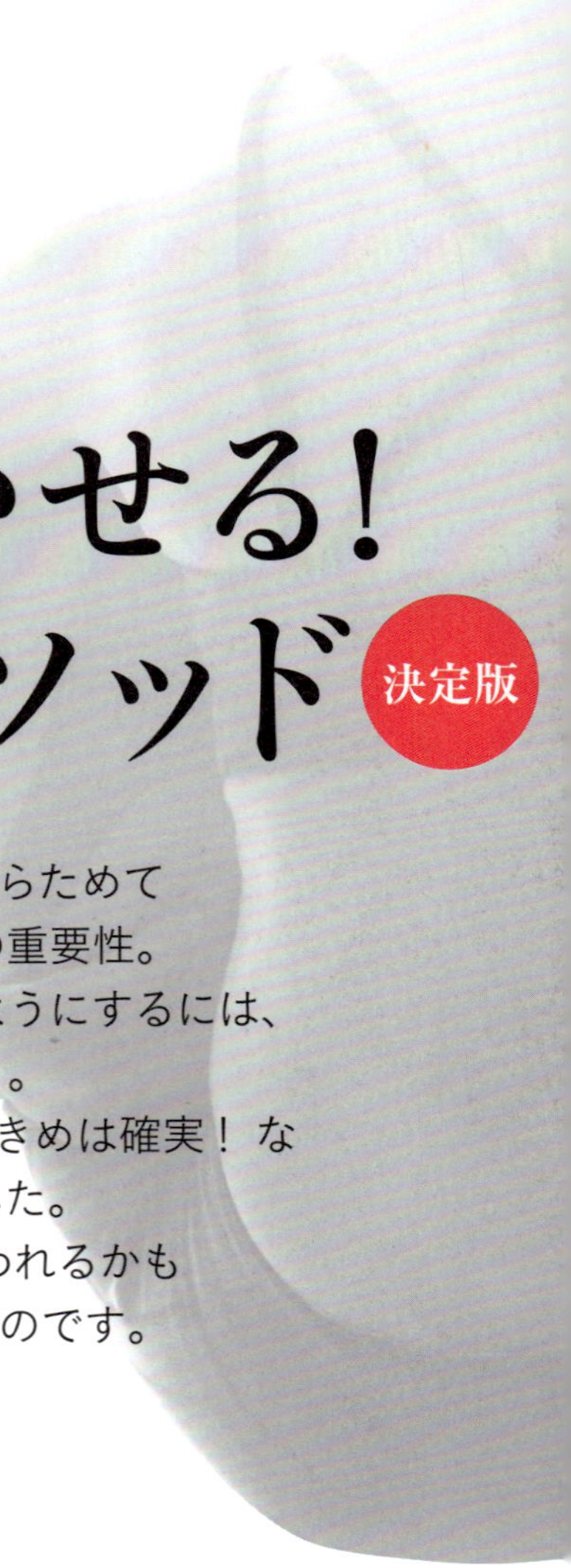

ヨガクラスの生徒たちを見てあらためて
気づいた、背中を鍛えることの重要性。
でも使っていなかった背中を使えるようにするには、
むずかしい動きではダメ。
だれでもすぐにできる、簡単だけど効きめは確実！ な
体操メソッドを考案しました。
「これだけでいいの……!?」と思われるかも
しれませんが、「これでいい！」のです。

Key Point!

背中への刺激をより効率アップさせるのは
手のひら返し

かちかちにかたまった背中をやわらかくするには、背の反対面である胸を開くことが大切です。“背筋運動”のようにハードでなく、だれでも簡単に、ケガなく胸を開くには、「手のひらを返す」ことがポイントに！ 背中と手のひらにはどんな関係があるのか、ひもときます。

Why?

手のひらを返すとどうして刺激がUPするの？

腕を自然におろした状態では、普通、手のひらは内側を向いています。手のひらを返すのは、ドアノブや蛇口をひねるときくらいですよね。実は、この「手のひらを返す」動作が、使っていない背中を動かすカギでした！　なぜ……？

1 ふだんしない動きをすることで脳へ刺激を与えるから

手のひらを返す動作は、日常ではほとんどありませんが、この動作をしないと内側の筋肉は徐々に衰え、退化します。ふだん使わないからこそ、指先からしっかり伸ばして動かすことで、脳に「ここは動かす場所」と伝えられます。

2 親指を意識して胸を開くと わきのリンパを刺激するから

全身の筋肉は互いにつながっていて、連動し合って動きます。親指の筋肉は腕の内側を通り、肩のつけ根あたりまでつながっています。また、肩のつけ根、鎖骨まわりには、神経やリンパが密集しています。つまり親指から動かすことで、一見遠いその部位にもダイレクトに働きかけることができ、つまりがとれて、めぐりのよい体になります。

How?

手のひら返しってどうやるの?

ドアノブやカギを回したり、蛇口をひねるときは手首から回転しますが、これでは背中にまで届く刺激は与えられません。効率よく背中へ刺激を与えるための「手のひら返し」のポイントを紹介します。

「手のひら返し」のやり方 1

手のひらを返すだけ

手のひらを返すときは手首をなんとなく回転させるのではなく、親指をきちんと意識しながら、外側に向けて返す。こうすると内側に入った肩もつけ根から外側に向き、しっかりと胸が開いて、肩甲骨に刺激を与えることができます。

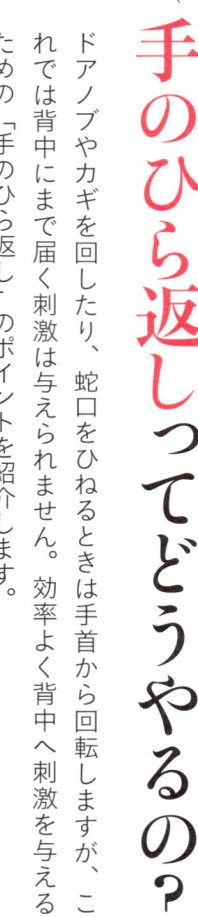

「手のひら返し」のやり方 2

組み手の場合

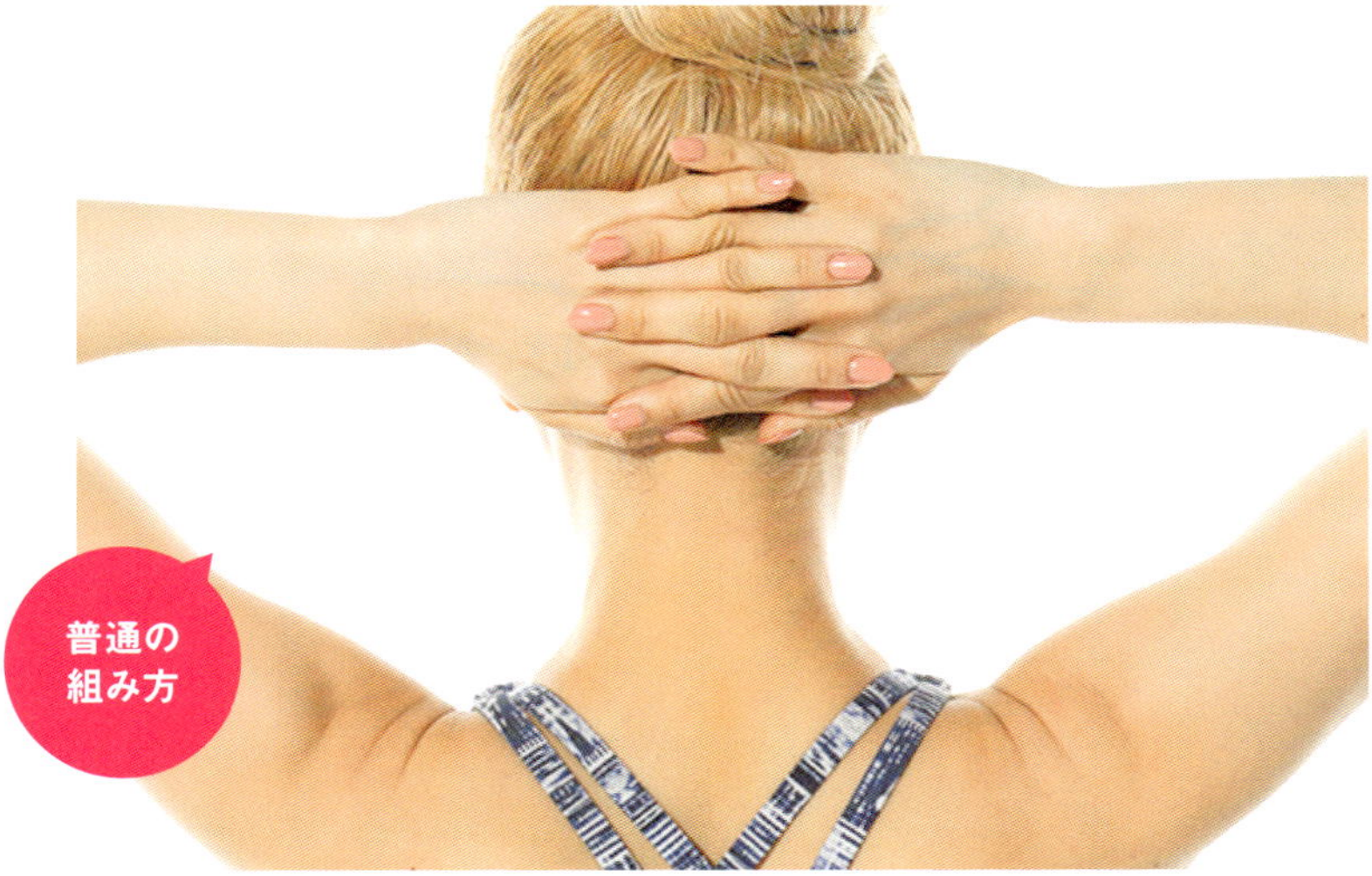

くるっ

「手のひら返し」での組み方

まず両手を合わせて指を組みます。両手を組んだまま親指からくるっと返すことで、腕の内側を通じて肩のつけ根にまで刺激が与えられ、つまりも流れます。

さぁ、
やってみよう!

ayayoga
メソッド

基本 » 1

こんにちは体操

「手のひら返し」をしながら両腕を後方に向けて大きく開き、太陽に向かって元気にあいさつするようなイメージで行ってほしい「こんにちは体操」。肩甲骨を寄せることで、背中に刺激を与えます。二の腕やせにも、効果てきめん!

ダラーン

正面から見ると

かかと、ひざの内側をつけてまっすぐ立ち、親指から手のひらを返す。このとき、腕を外側に回すイメージで肩甲骨を寄せて胸を張り、鎖骨を広げて。また、空を見上げ、「こんにちは」と声に出してみると思わず笑顔になり、楽しい気持ちに!次に自然に力を抜き、「こんばんは〜」と脱力。

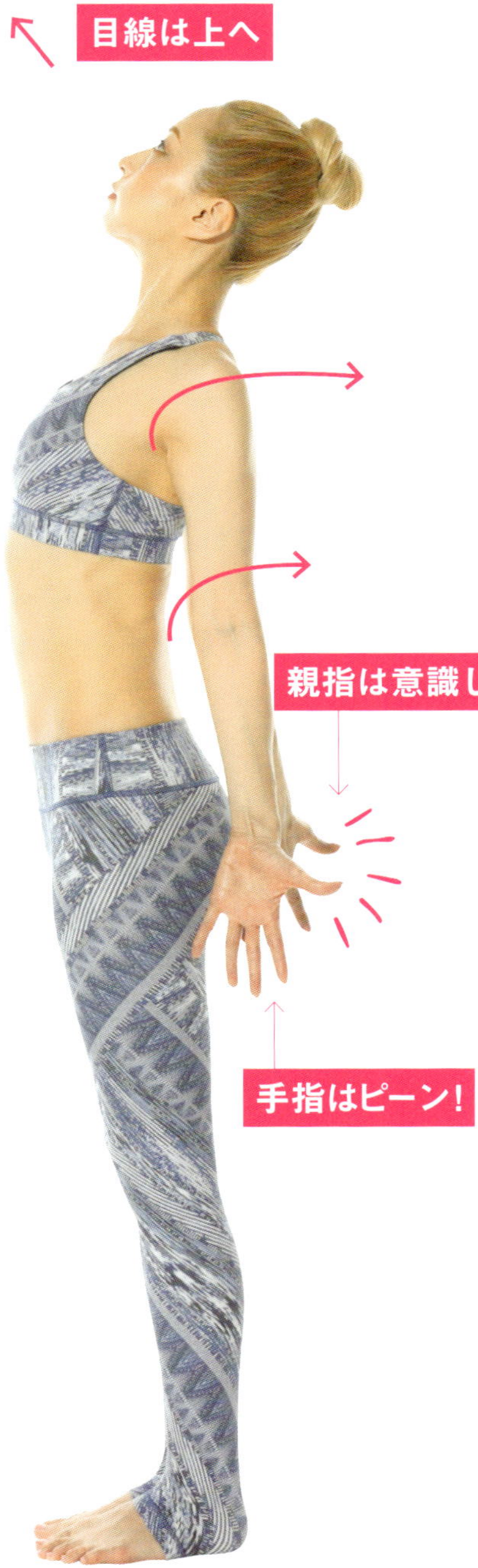
目線は上へ
こんにちは!!
親指は意識して外側に
手指はピーン!

腕は横に広げず、わきを締めるイメージで「後ろに引く」のがポイント。また、動作に慣れてきたら呼吸も意識してみましょう。胸を張るときは鼻から息を吸い、脱力するときは鼻から吐いて。呼吸をプラスすることで、代謝もよりアップ。

正面から見ると

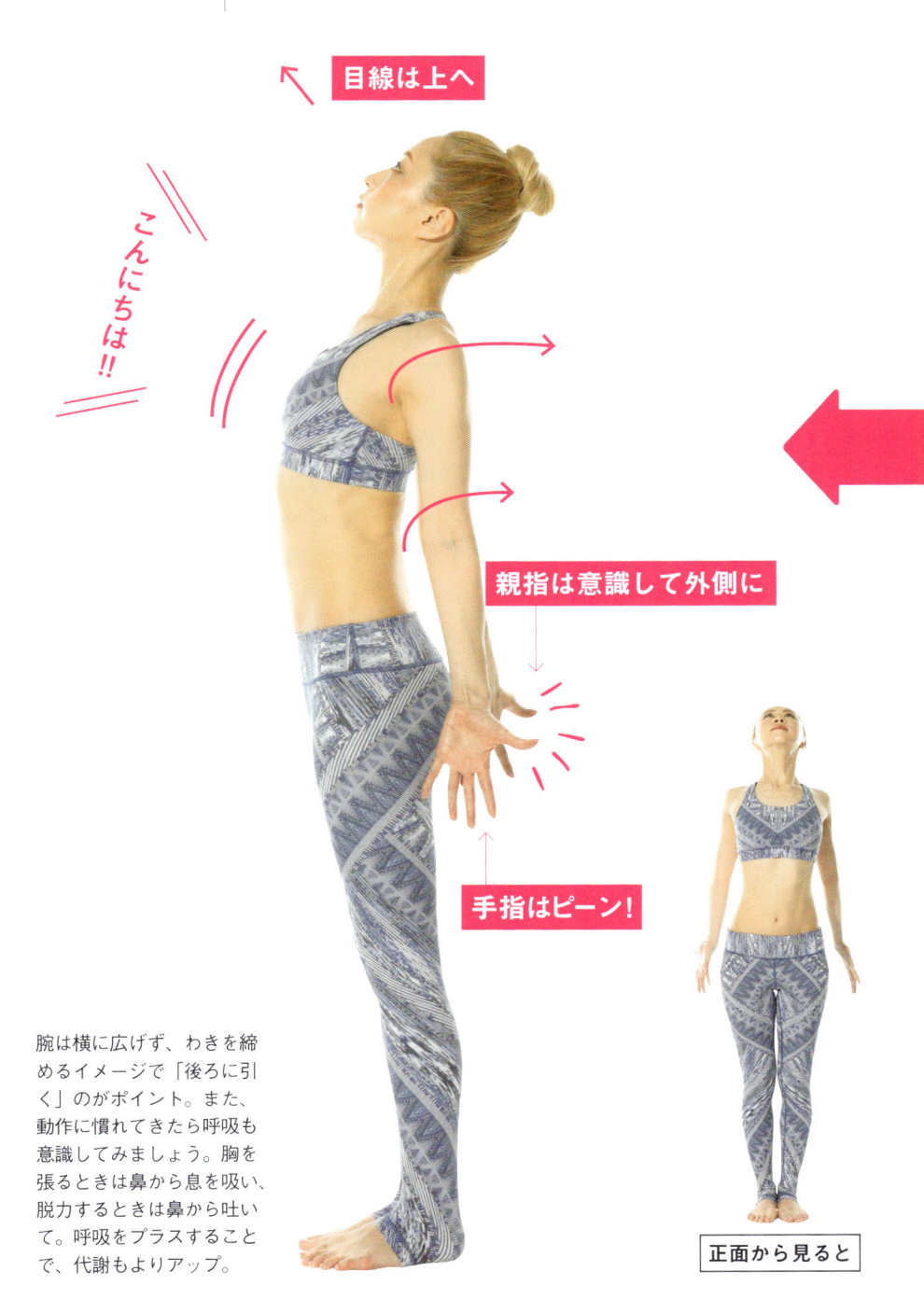

こんにちは体操で意識すべきポイント

Point 1

手指&関節をしっかり伸ばす！

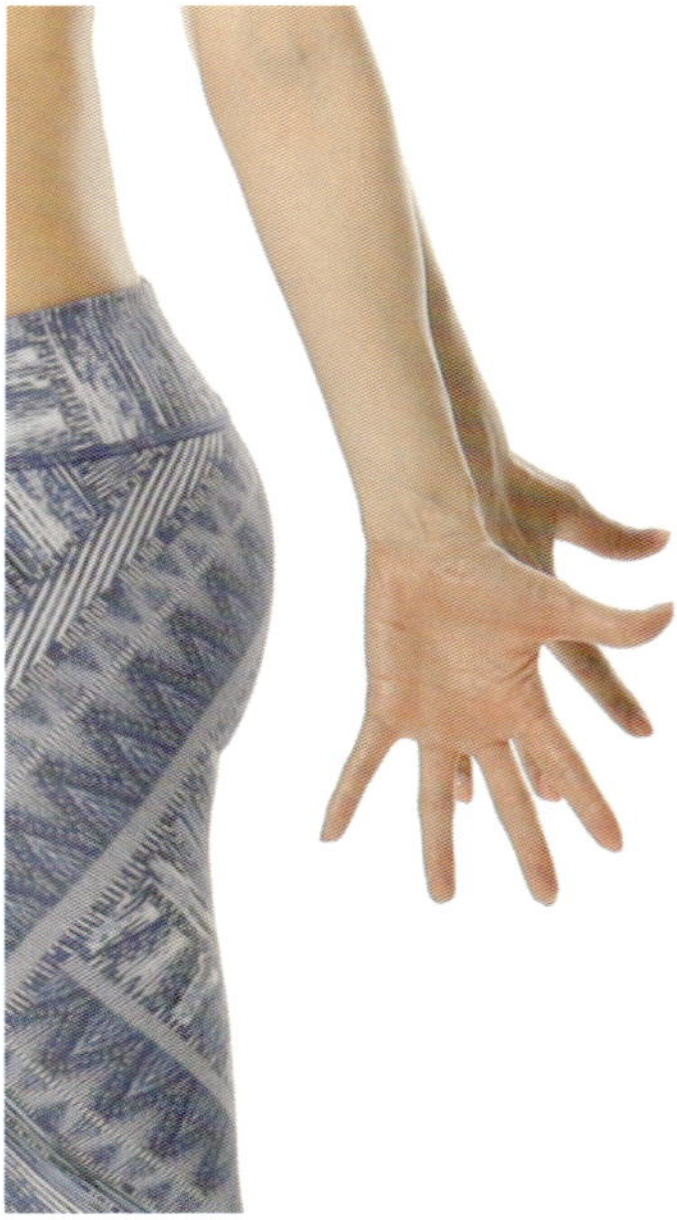

「ayayoga」では関節までしっかりと伸ばすことでめぐりのいい体を目指します。肩からひじ、手首、指の関節、指先までピンと伸ばして。

Point 2

肩から動かすイメージで胸を大きく開く

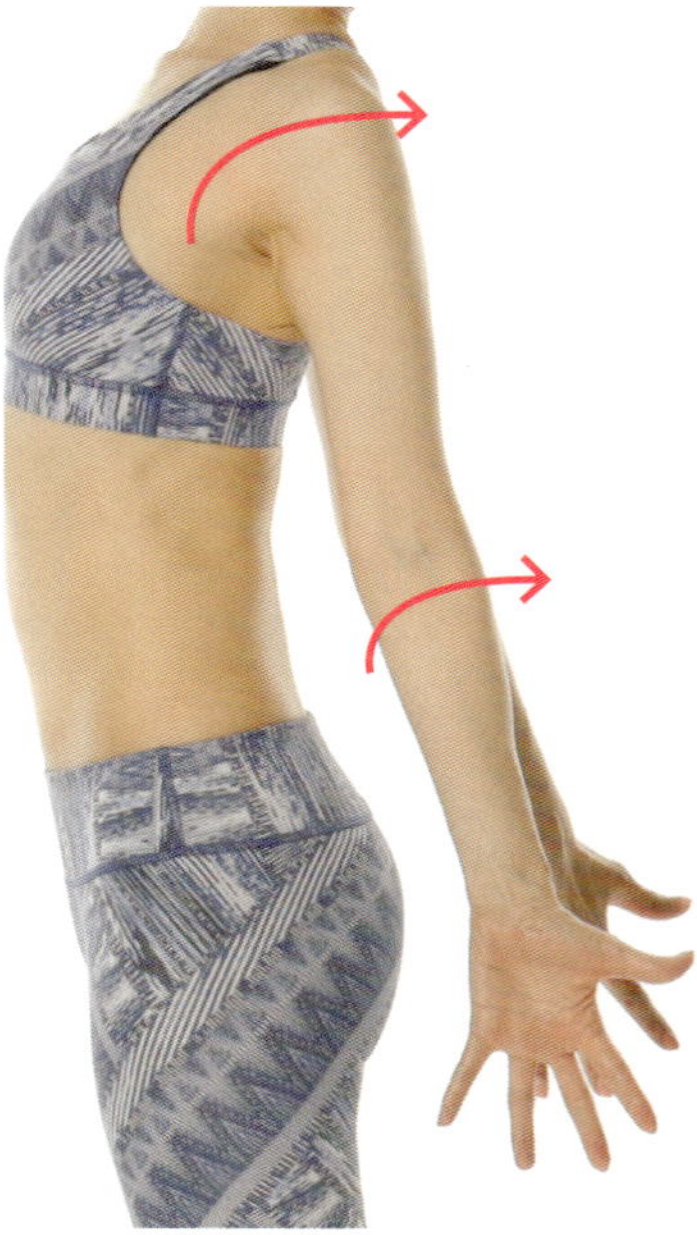

腕を後ろに引くだけでなく、肩のつけ根から腕を外側に回すイメージで、肩甲骨がしっかりと動くように。また、鎖骨まわりの筋肉にも刺激が伝わり、こりやつまりが改善される。

さらに

手の甲で拍手して効果アップ！

「こんにちは体操」に慣れてきたら、負荷をかけるため、肩甲骨をさらにぐっと寄せて腕を後ろに引く動作をプラス！　背中への刺激が、より高まります。

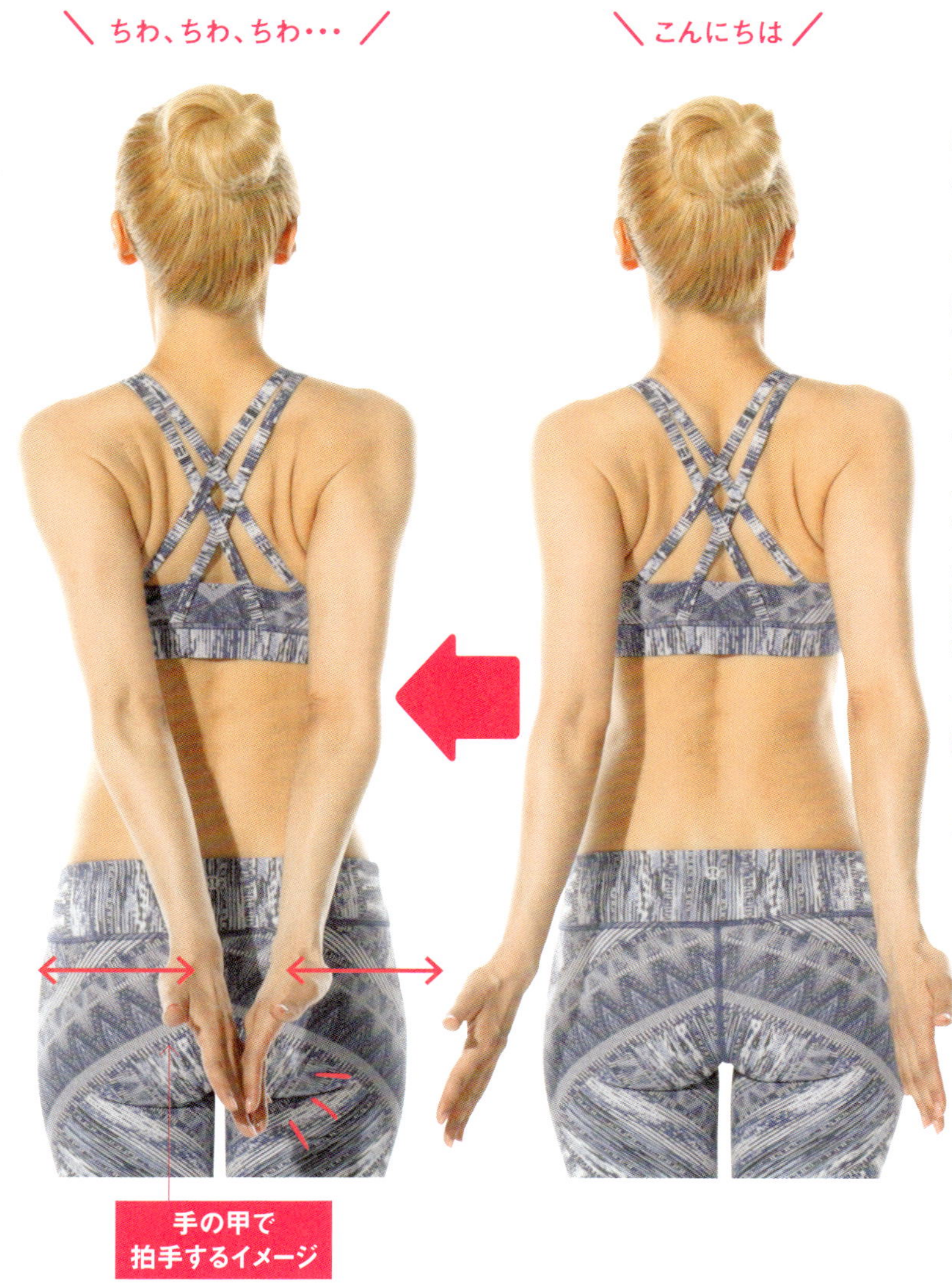
＼ちわ、ちわ、ちわ…／
＼こんにちは／
手の甲で
拍手するイメージ

「こんにちは〜」と腕を外側に回すイメージで自分の限界まで後ろに引いて、肩甲骨をギューッと寄せる。手の甲で拍手をするイメージで、パタパタと腕を動かす。背中の柔軟性がアップすると、手の甲がつくように。このとき、肩が上がらないよう注意して。

腕伸ばしスクワット

ストレッチをしながら筋トレもできる、一石二鳥の体操。腕を前方に向けてピーンと伸ばしながら手のひらを返し、同時にお尻をつき出してスクワットをするため重心がとりやすく、下半身やせも期待できます。

正面から見ると

腕を肩の高さに上げ、胸の前で手を組む。かかと、ひざの内側をつけてまっすぐ立ち、そのままお尻をつき出し、腕は手のひらを返しながら遠くまで伸ばす。腕は斜め上につき出すイメージにすると、肩が下がらない。

お尻をつき出してスクワットをすることで、太もも裏の「ハムストリング」が鍛えられ、脚の形がきれいになる。また、腰痛の軽減にもつながる。

腕伸ばしスクワットで意識すべきポイント

Point 1
ひざが離れないようにする

太もも内側の「内転筋《ないてんきん》」を鍛えるには、両ひざがそろっていることがマスト。慣れるまではひざは浅く曲げる程度でもよいので、両ひざの内側を離さないことを意識して、お尻を後ろに。

Point 2
ひざから曲げずにお尻をつき出して

お尻があまり引けず、ひざが前に出たフォームで屈伸をすると、太もも前面の筋肉が刺激され、脚の形が悪くなってしまいます。ひざはつま先より前に出ないように。お尻を後ろにつき出すことで腕も自然と前に出て、重心バランスがとれます。

さらに

バージョンアップ！ ひねりスクワット

女性らしいカーヴィボディをつくるために、ひねりを加えてウエスト「くびれメイク」を強化。腕はできるだけ遠くに伸ばし、体側に強い刺激を与えて。

1 One

2 Two

3 Three

4 Four

基本の「腕伸ばしスクワット」と同様に行いながら、腕だけを斜め前に出すことで体側が伸び、隠れていたくびれを掘り起こします。ひざはまっすぐ前を向けたまま、上半身だけをひねるのがポイント。左右交互に行う。

肩甲骨ストレッチ

使わずにこりかたまった背中をほぐし、やわらかくするには、横方向に伸ばすことも大切です。お肉の"筋切り"をイメージしながら、両ひじを左右に開き、ちぢんだお肉を伸ばしましょう。体操の前後に、まずは左右10回ずつ。

まず両手を組み、「手のひら返し」

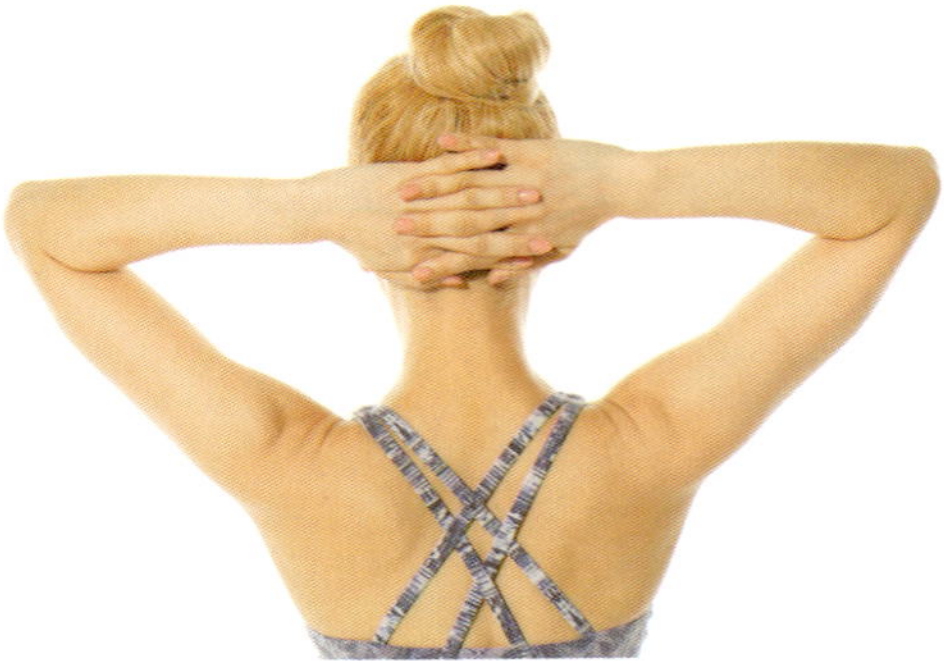

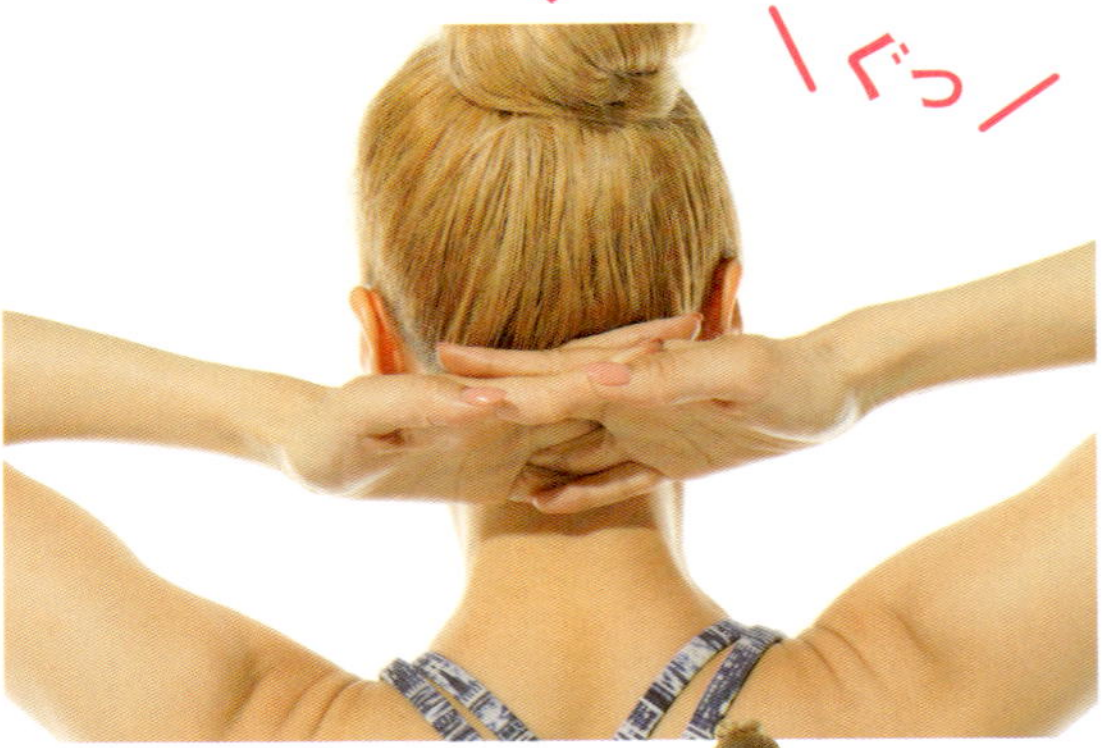

START

かかと、ひざの内側をつけてまっすぐに立つ。頭の後ろで両手を組み、手のひらを返し、手の甲に頭を軽くのせる。ひじは左右にしっかり開くのがポイント。

ストレッチ 1 上体を左右に傾け、肩甲骨とちぢんだ体側をしっかりと伸ばす！

両ひじを広げたまま上体を左右交互に横に倒す。肋骨下から腰までのちぢんだお肉をぐーんと伸ばすイメージで体側を伸ばすことで、くびれをつくる「外腹斜筋《がいふくしゃきん》」も鍛えられ、埋もれたくびれもよみがえる。

ストレッチ 2 肩甲骨をもっと大きく動かす

両ひじを広げたまま、上体を横に倒す。左右交互に、体側をしっかりと伸ばす。ひじは左右にしっかり開き、胸も開いた状態をキープ。

START

かかと、ひざの内側をつけてまっすぐ立つ。頭の後ろで両手を組み、手のひらを返し、手の甲に頭を軽くのせる。ひじは左右にしっかり開くのがポイント。

SIDE

後ろから見ると

正面遠くにあるスイッチを押すイメージで、肩甲骨のつけ根から左ひじをぐいっと前に出す。ウエストはねじらず、右ひじも後ろに行かないように、左ひじだけを動かすのがポイント。ひじを前に出すことで、肩まわりの筋肉（「三角筋《さんかくきん》」や「上腕三頭筋《じょうわんさんとうきん》」）に刺激を与える。左右交互に行う。

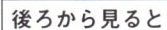

楽しい！ 思わず体が動く！

「ayayogaメソッド」を続けるコツ

「こんにちは〜」と胸を開くことで気持ちが明るくなり、キツいスクワットでも自然と体が動いてしまう「ayayogaメソッド」。運動に苦手意識がある人でも、たとえ1回でいいので動かしてみると、きっとやる気スイッチが入ります。

2 腕伸ばしスクワット ＋ 1 こんにちは体操

体操＆スクワットをまとめて
⇨ 1セット

おすすめ方法 1

好きな音楽にのって 1曲動ききる！

好きな音楽を聴きながら体を動かせば、気持ちも高まり、あまりつらさを感じなくなります。行進するときのテンポを目安に、3分くらいの曲をセレクト。「こんにちは体操」と「腕伸ばしスクワット」をそれぞれ1分以上は続けて行い、合計3分。曲が終わるころには、体がポカポカしてきます。

おすすめ方法 2

思いついたときに、回数を気にせずやってみる

たとえば1日50回と決めた場合、できない日があると「もうダメだ」とあきらめてしまう人も多いので、ayayogaでは最初から「○回やりましょう」と回数を決めることはしません。たとえ1日1回でもいいので、とにかく毎日続けることが大切なのです。

おすすめ方法 3

慣れたら途中からテンポを上げて、楽しく&ハードに動く

運動が苦手な人でも、毎日続けると体が動きに慣れてきます。正しい動きが身についてきたら、曲の途中から動きのテンポを速めてみましょう。スピードアップし、回数を増やすだけでかなり「キツい」と感じるはず。また、動作を大きくすることでも、負荷が大きくなります。

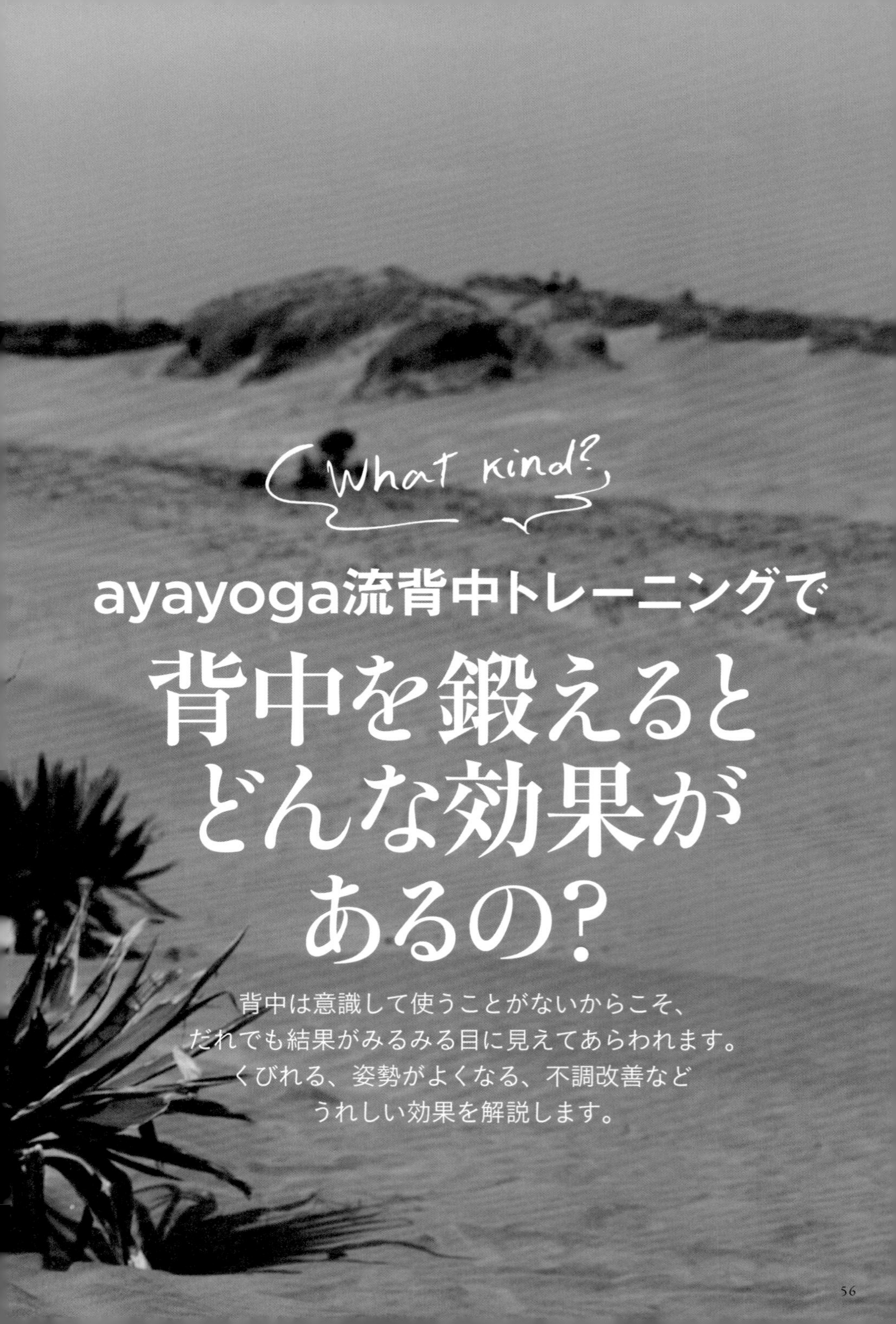

What kind?

ayayoga流背中トレーニングで

背中を鍛えると どんな効果が あるの？

背中は意識して使うことがないからこそ、
だれでも結果がみるみる目に見えてあらわれます。
くびれる、姿勢がよくなる、不調改善など
うれしい効果を解説します。

くびれる!
サイズダウン!
Hip Up!

1 体全体の脂肪がするする落ちていく

背中の筋肉はとても大きく、体を支えるだけでなく運動や呼吸なども深くかかわります。背中を丸めた姿勢が習慣になってしまうと、肋骨が広がり、内臓は下がって、ぽっこりおなかに……。ただしマイナスの連鎖があるということは、プラスの連鎖もあるということ。背中を鍛えれば背筋が伸びて肋骨の位置も戻り、おなかまわりにたまっていた脂肪が徐々にすっきりしてきます。また、長らく使わずにかたまっていた筋肉がしなやかになることで血流もよくなり、「燃えやすく、太りにくい」体に。背中に位置する大きな筋肉を鍛えれば、消費エネルギーも高まり、効率よくやせられます。

驚異の
ウエスト
51cm!

2 ヒップアップや下半身やせにつながる

筋肉はパーツごとに動くのではなく、複数の筋肉が連動しています。背中を鍛えて引き締めれば、その下に位置するお尻をキュッと引き上げてくれます。たとえるなら、サスペンダーのようになるのです。背中にサスペンダーができると姿勢もよくなって骨盤のゆがみがとれ、背骨と太ももをつなぐ腸《ちょう》腰筋《ようきん》も正しく働き、美脚へと導いてくれます。

3 肩が下がって小顔になる

あまり知られていませんが、肩甲骨の動きがにぶくなると肩が上がり、血液やリンパが首でつまって、顔がむくみます。また、気づかないうちにあごに力が入り、エラが張ることも。肩甲骨まわりを刺激して背中を鍛えれば肩が下がり、首がほっそりと長く見えます。胸が開くとつまりもとれるので、顔がすっきりするのです。

4

肩こりがなくなる

前かがみの姿勢が長く続くと、背中の筋肉が前方に引っぱられ、肩に負担がかかります。これでいわゆる「巻き肩」になっている人がとても多くいますが、逆に背中がきちんと使えるようになれば、筋肉の柔軟性が戻って血流がよくなり、肩こりからも解放されます。「四十肩」で腕が上がらなかったのに、背中を鍛えることで症状がかなりラクになった！　という人も。

5

眠りが深くなる

背中の筋肉は、肋骨に付随する筋肉とも密接にかかわっています。背中がきちんと使えるようになれば、肋骨も徐々に正しい位置に戻り、深く呼吸できるように。深い呼吸は自律神経を整え、リラックス効果も得られるため睡眠の質がぐんと上がります。冷えも改善され、眠りにつきやすくなるのです。

6 ”落ちにくい場所“にも効く！

モニターさんの結果報告（26ページ）で紹介したように、「ayayoga」では二の腕がほっそりした人が続出。「手のひら返し」で肩甲骨から大きく腕を動かすことで上腕三頭筋も鍛えられ、なかなかやせにくいといわれる二の腕も引き締まるためです。同時に体側も伸ばして使うため、わき腹もすっきり。また、背筋が伸びることでバストアップにもつながります。

*ayayoga*流
もっとキレイになる
背中ケア
Tips

ayayogaメソッドで背中を鍛えたら、
いつでも“魅せられる”背中を目指したいもの。
「背中に意識を向け始めたら、残念なケアをしている
人が気になってしまって」というayaさんの視点で、
さらに美しくなるティップスをまとめてご紹介。

aya's Tips 1 “自分の背中に意識を向けることが大事”

自分の背中をきちんと見ていない人が多すぎる！　これが、背中が“残念”なことになるいちばんの原因だと思います。鏡を見るときには、正面だけでなく後ろ姿も必ずチェックする習慣をつけてほしい。そして、ときには家族や友人に後ろ姿の写真を撮ってもらい、客観視することも大切！　私も常に鏡でチェックし、写真に撮るようにしています。右から左から、上半身をツイストすることで、“くびれメイク”にもつながるはず。「こんにちは体操」や「腕伸ばしスクワット」で背中を動かして、変化していく様子も確認してください。

aya's Tips 2

“「ごしごし洗い」はご法度！”

お肉以外で背中の“残念”なファクターの代表選手といえば、ニキビ。背中は皮脂や汗の分泌量が多く、蒸れやすい場所。ほかの部位にくらべて皮膚が厚く、毛穴に汚れもつまりやすいですよね。それなのに、手が届きにくく目で確認しにくいため洗い残しやすく、吹き出物ができやすくなっているのだと思いますが……かといって、ごしごし洗うと皮膚が傷つきます。個人的にはソープ類もあまり使わず、手でやさしく洗うようにしていますが、タオルなどを使いたいなら、肌ざわりのいいハンドタオルで、やさしく洗うのがおすすめ。すすぎ残しのないよう、シャワーで流して。

aya's Tips 3

“保湿アイテムを「自分の手で塗る」習慣づけを”

ごしごしと力まかせに洗うわりには、その後のケアができていない人も多いような気がします。ボディも実は顔のお肌と同じようにデリケートですから、保湿ケアを忘れないで。ボディジェルやローションなどの保湿ケアアイテムを、手が届く範囲だけでもかまわないので塗る習慣をつけてください。「ayayogaメソッド」で背中を動かせば、少しずつ柔軟性が高まり、手が届く範囲も広がっていきます。いずれは背中全体にボディクリームが塗れるようになるはず！

aya's Tips 4

“気になる肋骨下はグーで「ならしマッサージ」して、はみ肉ケア”

ブラの下のいわゆる「はみ肉」は、「ayayogaメソッド」で脂肪燃焼しつつ、こぶしで重点的にマッサージし、徐々にサヨナラしましょう。手をグーにして第二関節を使い、お肉のでこぼこやシワをのばすようにならします。お風呂上がりにボディジェルなどを塗りながら行えばすべりがよくなり、保湿もでき、一石二鳥。わきや背中だけでなくおなかも一緒にマッサージすれば、腸が刺激されて便秘解消にも。

aya's Tips 5

“下着は大事。ワイヤーブラで締めつけないこと”

サイズが合わない下着を身につけていませんか？　胸を大きく見せようとアンダーが小さめのブラジャーをしていると、段々になったカッコ悪い背中になるうえ、肩甲骨が圧迫されて、血行も悪くなります。また、ワイヤーブラも血行不良を招く一因。ノンワイヤーのブラもいいのですが、私は基本、ホールド力のあるヨガウエアのトップスを愛用しています。ヨガウエアは動きやすいうえに意外とホールド力が高いのでおすすめ。ボディラインをきれいに見せつつ、体に負担をかけない「お気に入り下着」を見つけてください。

aya's Tips 6

“ときには意識的に、背中があいた洋服を着てみる”

人に見られることで、きれいになると言いますよね。背中だってときには大胆に見せることで「きれいにしなきゃ」という意識が高まり、ケアにも力が入るもの。ふだんはもっぱらヨガウエアの私も、おしゃれをして出かける日には、背中があいた服を選ぶようにしています。背中が大きくあいた服に抵抗がある人は、結婚式などのおよばれのときに照準を合わせたり、今年の夏は背中あきトップスに挑戦しよう！　と目標を立てるのも、ひとつの手。

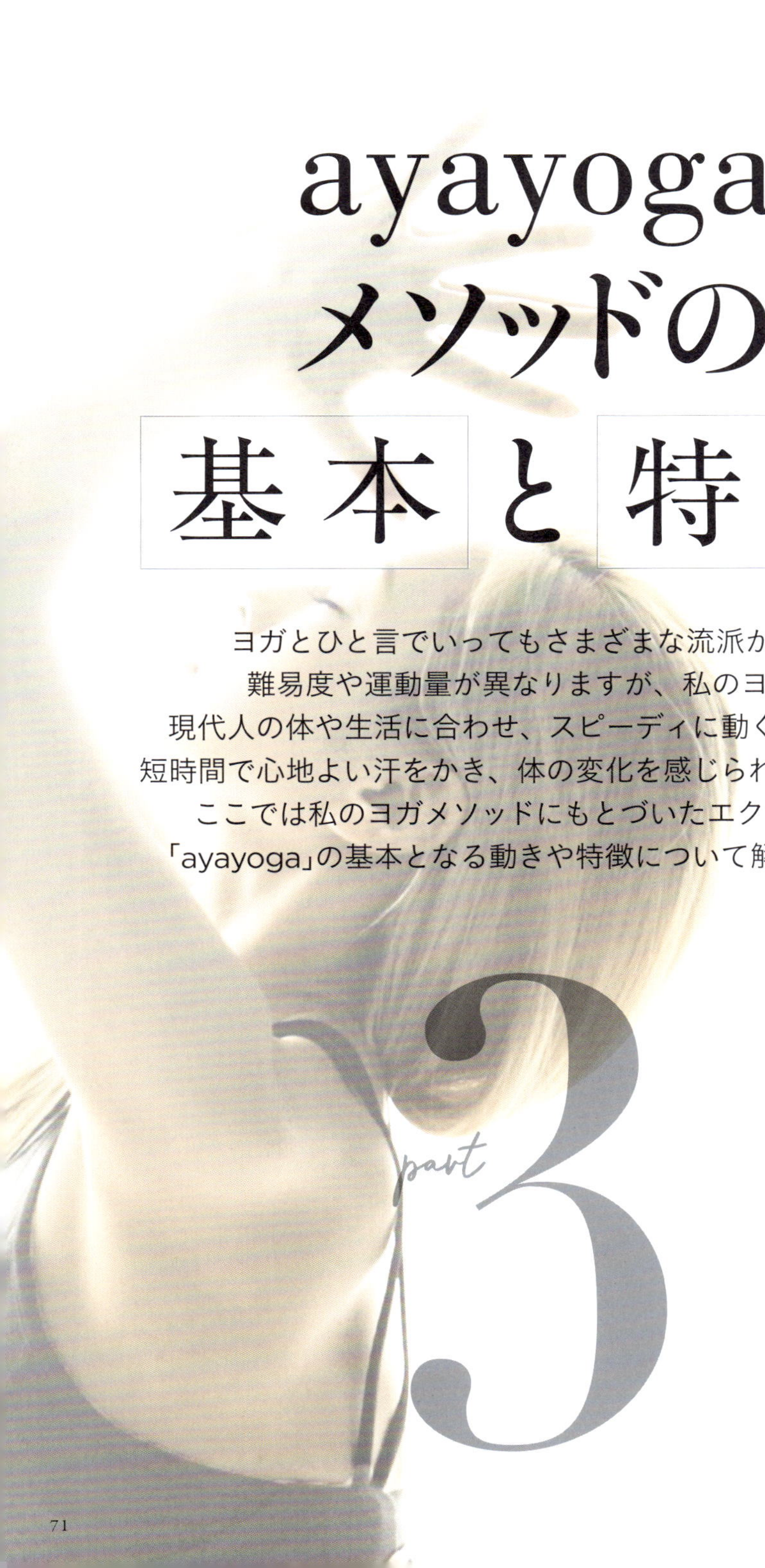

ayayoga メソッドの 基本と特徴

ヨガとひと言でいってもさまざまな流派があり、
難易度や運動量が異なりますが、私のヨガは
現代人の体や生活に合わせ、スピーディに動く「運動系」。
短時間で心地よい汗をかき、体の変化を感じられるものです。
ここでは私のヨガメソッドにもとづいたエクササイズ
「ayayoga」の基本となる動きや特徴について解説します。

part 3

Why is it effective?

ayayogaで効果が出る理由、教えます！

1 連続性のあるすばやい動きで体幹を鍛えるから

ヨガというとゆったりと体を動かすイメージがあるかもしれませんが、私のヨガは動きながら行います。体の奥の筋肉（インナーマッスル）を使うことで、効率よく体幹が鍛えられるからです。動き続けて汗をかく有酸素運動で、脂肪燃焼にもつながります。

2 関節を伸ばすことで全身の循環が劇的によくなるから

ストレッチとの大きな違いは、筋肉だけでなく関節を使うこと。腕を上げたときなどに関節にひっかかりを感じる人は、「つまり」がある証拠です。リンパの流れが悪いと代謝がにぶり、やせにくい体に。ひじやひざはもちろん、指の関節まで伸ばすことで、めぐりを促します。

3 深い呼吸をすることで内臓から元気になれるから

ヨガでは腹式呼吸が定番ですが、私のヨガでは鼻から息を吸う胸式呼吸を組み合わせた「腹胸式呼吸」を取り入れています。肋間筋《ろっかんきん》を鍛えながら内臓を正しい位置に戻す呼吸で、内臓の働きがよくなり、体の内側からもきれいに。肋骨も徐々に引き上げ、くびれもできます。

ayayoga theory

筋トレ
＋
有酸素運動
＋
ストレッチ
＝

女性らしくしなやかで芯のある体へ

cardio exercise

workout

stretch

ayayoga's Rule

正しく立つだけで バランスのとれたボディになる

背中が丸まっていると自信がなく見えるだけでなく、呼吸が浅くなり、全身のめぐりも悪くなってしまいます。正しい姿勢は、生きるうえでの基本！背中の筋肉を使ってスッと立つことで、健康的で美しい体を手に入れましょう。

・顔とあごが前に出る

・腰が反りすぎ

・デカ尻

女性には反り腰姿勢が多い

体を支える背面や骨盤まわりの筋力が弱いと骨盤が前に傾き、お尻が上がった反り腰になりがちです。また、重い頭を支えきれず、腰に負担が。おなかがぽっこりして太ももが張り、全身の体型がくずれます。

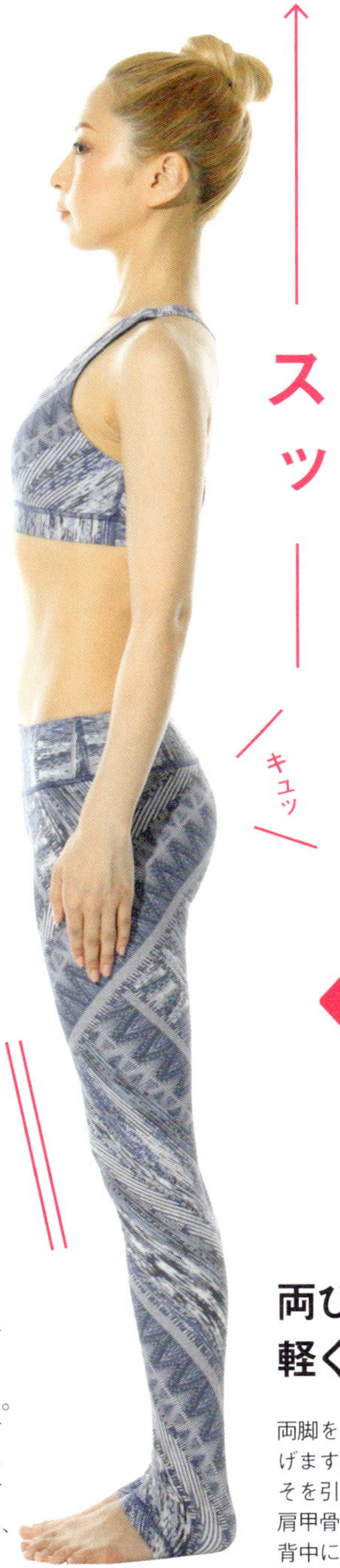

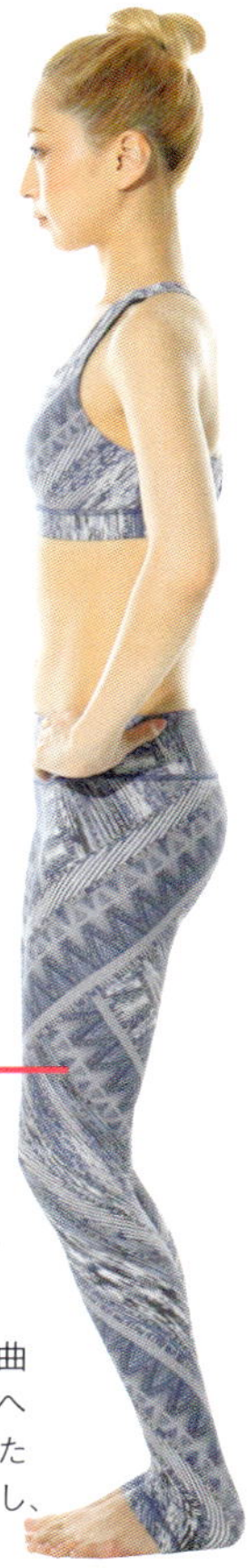

両ひざの内側を寄せ
軽く曲げてから→立つ

両脚をそろえ、ひざの内側を寄せて軽く曲げます。天井からつられるイメージでおへそを引き上げながら、スッと立って。また肩甲骨を後ろに引くようにして腕をおろし、背中に意識を向けて立ちましょう。

両ひざを寄せ、肩甲骨が少し後ろに引っぱられるイメージで立つのがコツ。正しい姿勢で立つ習慣がつくと、背中や骨盤まわり、おなか、脚の筋肉が正しい位置に徐々に戻り、美しいボディラインに。

関節を伸ばしきり なくす

女性らしい美しいボディラインをつくるには、血液やリンパのつまりをとり、代謝を上げることが大切。特に関節はつまりやすい場所なので、ピリピリと感じるくらいまでしっかり伸ばし、滞りを促しましょう。

たとえば腕を伸ばす動作のときは、指をぴったりつけ、肩、ひじ、手首、指の関節をすべて伸ばします。できるだけ遠くに伸ばし、腕がピリピリとするのを感じて。こんなふうに関節を意識することも「ayayoga」の特徴。

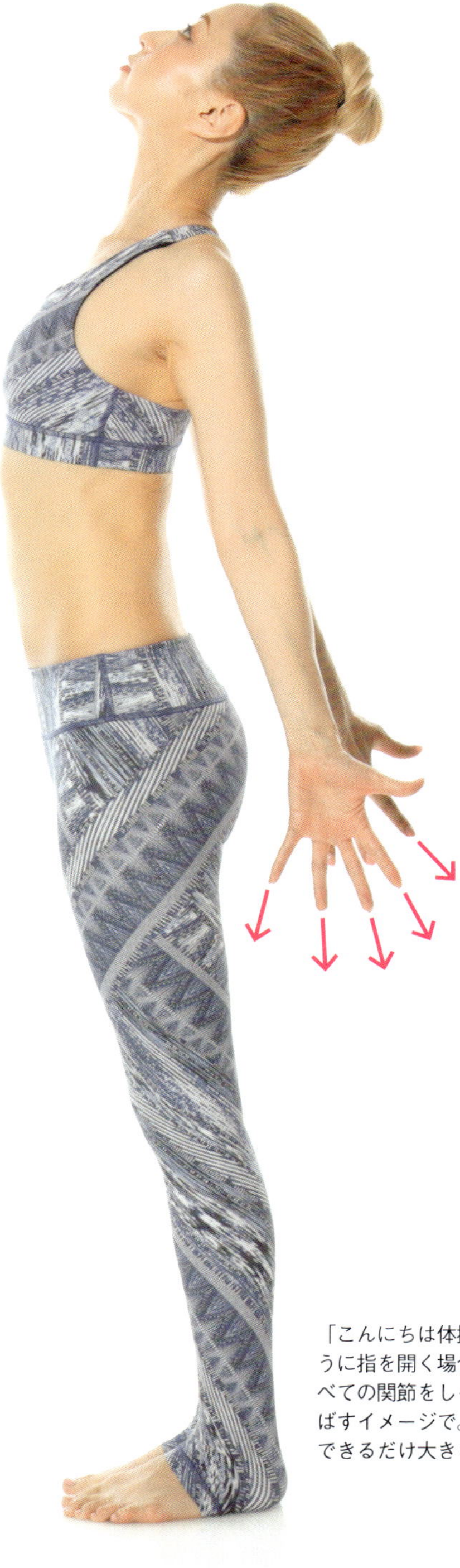

ayayoga's Rule

すべての“つまり”を

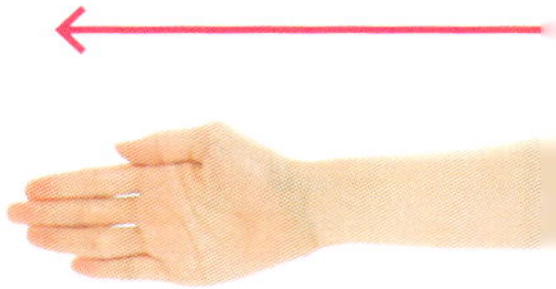

「こんにちは体操」のように指を開く場合も、すべての関節をしっかり伸ばすイメージで。指先はできるだけ大きく開いて。

ことで

日本人に圧倒的に多いずんどう体型は、
下がって開いた肋骨が原因のひとつ。
この肋骨のゆがみは、呼吸でリセットすることができます。
横隔膜を使った「腹式呼吸」と、肋間筋を使う
「胸式呼吸」を組み合わせることで、キュッとしたくびれをメイク。
代謝も上がり、いいことだらけ！

吸う

肋骨の動きを感じるために腕を上げ、頭の上で腕を組みます。鼻からゆっくりと息を吸い、みぞおちから肋骨を引き上げるイメージで。おなかがへこめば「肋間筋」が使えている証拠です。腰が反らないように注意して。

肋骨をぐっと引き上げる

ayayoga's Rule

肋骨を引き上げて呼吸する ウエストがぐっと引き締まる

鼻からゆっくりと息を吐き、肋骨を内側に寄せるように引き締めます。鼻から吸って→吐く、そして肋骨を引き上げる＆引き締める感覚が身についたら、腕はおろしてOK。慣れてきたら、テンポよく息を吐き、肋骨を動かす訓練をしてみて。

脱力～

足を軽く開いて立ち、上体を前に倒します。風に吹かれるイメージで、両腕を左右にゆらゆらと大きくゆらして、全身の血流を促します。肩をはじめ、上半身の力をできるだけ抜くのがコツ。

ayayoga's Rule

関節を伸ばしたあとは思いきりゆるめてめぐりをよくする

ヨガやエクササイズを行ったあとは、
疲れた体をゆるめて「リセット」する習慣づけを。
上体を前に倒し、力を抜いて両腕をぶら〜んとたらし、脱力。
体のクセもとれ、血流もよくなります。

part 4

＼ayayoga流／

日常の動きも エクササイズ にするヒント

体は使わずにいると、
日々衰えていきます。
エクササイズの時間だけでなく、
日常のなかで筋肉に「動く場所だよ」と
気づかせてあげることが、
体を変えていく秘訣です。

「自宅にはイスを置いていません」

だれにでも筋肉はついています。でも使っていないと衰えて、埋もれてしまいます。私は常に体を動かす人生を歩んでいますが、実は家でもほとんど立って

生活をしています。それもかかとを上げて。これは、ひざの裏側が伸びてつまりをなくし、骨盤まわりや脚の筋肉に「使う場所だよ」とスイッチを入れるためです。

体を鍛えるというとハードな〝筋トレ〟を思い浮かべる人が多いけれど、日々の生活のなかで筋肉に刺激を与え続けることが、バランスのよいボディをつくるカギだと思うのです。

起きてから寝るまで、筋肉に気づきを与える場は数えきれないほどあります。まずはそんなシーンを意識してみて。いま、この瞬間の積み重ねが将来の体につながるのだから。

1

歩くとき

／ Walking ／

少しかかとを浮かせるようにして”軽やか“に歩く

「いつもつま先で歩くイメージです」

足の裏をぺたぺたと地面につけて歩くのは美しくないばかりか、もったいない。体が天井からつられているようにイメージしてかかとを数センチ浮かせて歩くだけで、体は自然とバランスをとろうとして、体幹が鍛えられます。ひざの裏側が自然と伸びるので、つまりもとれやすくなります。

② 立つとき

/ Standing /

電車内でもこっそり ほんの少しかかと上げ

「ぺたっと足裏をつけないで浮かせるだけでいいんです」

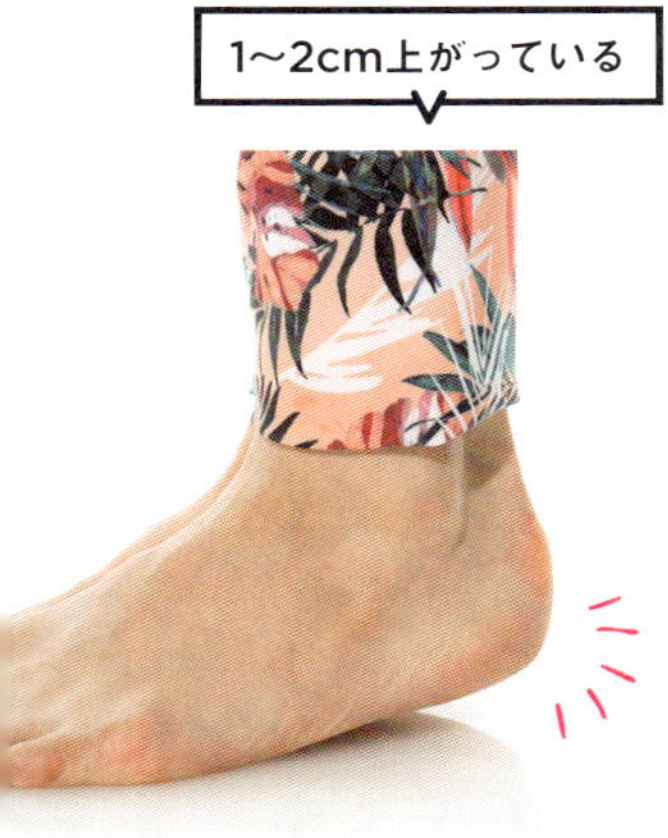

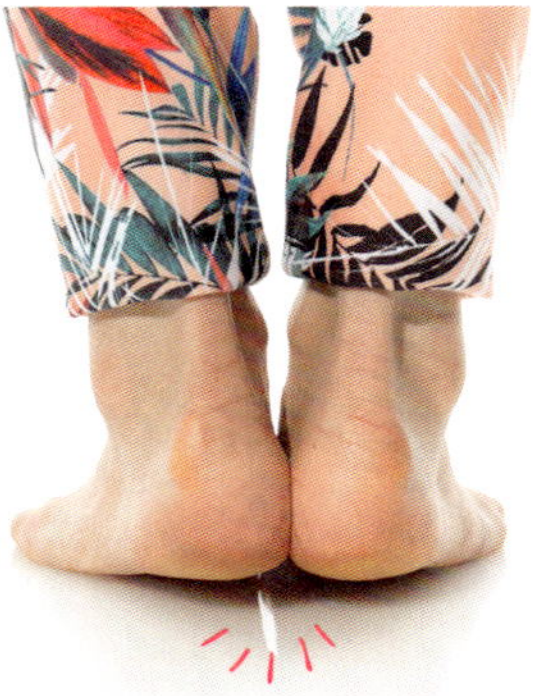

「かかと上げ」といってもぐいっと高く背伸びする必要はありません。地面からほんの1〜2㎝浮かせるぐらいでOK。高く上げると体がふらついて太ももの前面に力が入ってしまい、ひざの裏側が伸びなくなるのです。つり革を握るときは意識して肩甲骨を下げると、背中にも刺激を与えられます。

3

座るとき

Sitting

関節を伸ばしておきたいから 座るときも脚はまっすぐに

「ひざを曲げず、
股関節もできるだけ
曲げないように意識」
ピーン

ときどき脚の上下を入れかえて

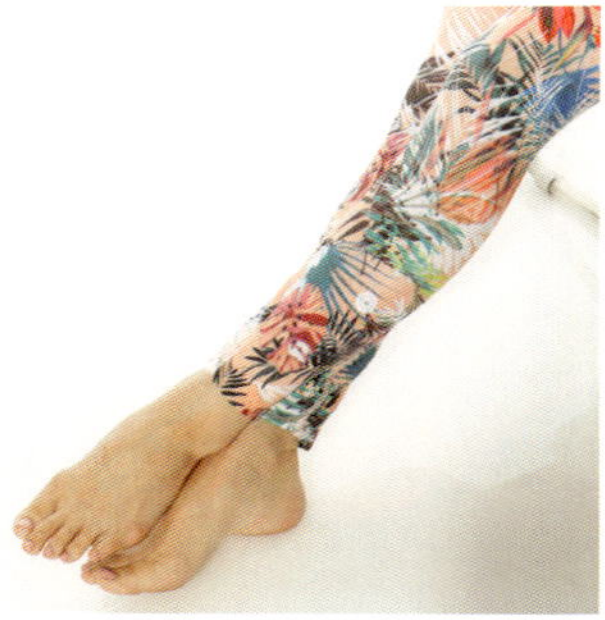

ayayogaの特徴のひとつ「関節を伸ばす」動きは、ひざの裏側がちぢまりやすい、座っているときにこそ特に意識して行って。イスに浅く腰かけて脚を伸ばし、片方の足首にもう一方の足首をのせます。つまりがとれてすっきり！

4

物をとるとき

／ Picking ／

ひざをそろえて立ち、肩から指先まで、まっすぐ伸ばして

「肩甲骨から手を大きく動かし、遠くのものをとるように意識」

あえて物から離れ、遠くから腕を伸ばすと、体には効果的。肩甲骨から指先までの関節を伸ばしきる意識で物をとりましょう。ひざをそろえて、まっすぐ立つと、姿勢も整います。

「下のものを拾うときも、ひざをそろえてかかとを浮かせます」

両ひざの内側をつけ、かかとを浮かせて、背中を丸めずに腰から折るイメージでかがみます。腕は肩甲骨から指先までの関節を伸ばすことで、血液やリンパのつまりも解消。

起き上がるときに「どっこいしょ」と声が聞こえてきそうな姿勢はNG。背中が丸まると腰に負担がかかり、痛める原因に。両ひざが離れると、脚の形も悪くなります。

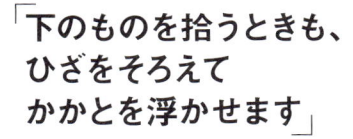

5

鏡を見るとき

／Looking at the Back／

体をしっかりひねって後ろ姿も日々チェック

「腰に手を当てツイストの動作でくびれが復活」

両手を腰に当て、肩甲骨から体をひねります。ひねる逆側の手で骨盤を手前に押しながら行うのがコツ。背中が丸まった状態でひねっても内臓に負担がかかるだけ。背筋は伸ばして。

6
寝るとき
／ Sleeping ／

股関節を開いたバンザイポーズで全身をゆるめる

「腕と脚のつけ根を開き全身のめぐりをよくすることが大事」

あおむけになり、両ひざを曲げて開脚。股関節を伸ばして、滞りをスムーズに。さらに腕を上げることで肋骨が上がり、日中に重力で下がった内臓の位置をリセット！　消化がよくなり、リラックス効果も高まるため、眠りにつきやすくなります。

むずかしい人は片足ずつでOK

もっと頑張りたい！人のための

上級ayayoga ポーズ

簡単だけどしっかり背中＆全身に働く体操
「ayayogaメソッド」の習慣ができたら、
次はさらなるくびれを手に入れるために、ステップアップ。
本格ヨガポーズにも挑戦してみましょう。
ここでももちろん「手のひら返し」を。
背中への刺激がアップするうえ、胸が開いて肩も下がり、
正しいポーズをとりやすくなる効果も。

part 5

ayayoga発!

ベーシックなヨガポーズも「手のひら返し」にするだけで背中に刺激がプラスされます!

ヨガ歴が長い人でも、手の向きを変えるだけで
「キツい！」と感じる「手のひら返しヨガ」。
肩甲骨まわりが刺激され、代謝もぐんと上がります。

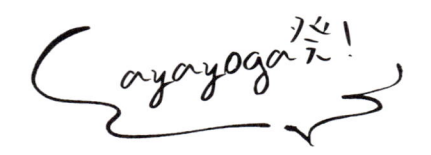

基本は「合掌」

ヨガでよく使われるのが、手のひらを合わせた「合掌」。感謝や敬意をあらわすポーズであり、心身のバランスを整える意味もあります。

「手のひら返し」にチェンジ！

合掌した両手を組み、くるりと手のひらを返すだけ。胸が開き、肩甲骨まわりに大きな刺激を与えることができます。背中だけでなく、腕の内側もしっかりと使えるため、運動量もアップ！

上級 ayayogaポーズ 1

ウォリアー

下半身・腹筋強化 + 上体伸ばし

足を大きく開き、足首からお尻までしっかりと伸ばすことで太ももの裏側やお尻、骨盤まわりの筋肉を強化できるポーズです。腕を上げて上体も伸ばすため、背中もしっかり使うことができます。

カラダがかたい人はカンタンver.

腕を肩の高さまで上げて「手のひら返し」

腕が高く上がらない！ という人は、肩の高さまで上げてみるところからスタート。肩位置でも、ぐっと伸ばすことで徐々に肩甲骨まわりがほぐれ、肩の動きがスムーズになります。慣れてきたら、少しずつ高さを上げていって。

両ひざの内側を寄せて正しい姿勢で立ちます。右足を大きく前に踏み出し、左脚は足首からお尻までをまっすぐに伸ばすのがポイント。手を組み、手のひらを返して両腕をまっすぐ上げ、上体を引き上げます。空を押し上げるようなイメージで、腕をぐっと伸ばしましょう。ゆっくりと元の姿勢に戻し、足を入れかえて、同様に。「手のひら返し」なら、合掌で行うよりも背中やわきに強い刺激が与えられます。

上級 ayayogaポーズ 2

サイドツイスト

ウエストくびれ ＋ 下半身強化 ＋ 姿勢矯正

おなかまわりのシェイプアップに効くポーズ。

足を大きく開くため、股関節まわりの柔軟性も高まります。

肩がすくみがちなポーズですが、手のひらを返すことで自然と胸が開き、効果がアップ！

カラダがかたい人は
カンタンver.

上体を起こしたまま肋骨からひねって

上体は起こしたままで、ツイストを行います。胸の前で手のひらを返し、ひじが閉じないようにして、ウエストではなく、肋骨からひねるイメージで行うのがポイントです。足の開きを狭くしても0K。

左足を大きく前に踏み出し、右脚はひざを曲げずに足首からお尻までまっすぐ伸ばします。胸の前で手を組み、手のひらを返して上体を肋骨から左にひねります。右ひじを左ひざにひっかけ、ゆっくりと呼吸。目線は斜め上へ向け、顔が下がらないように。ゆっくりと元の姿勢に戻し、反対側も同様に行います。

上級 ayayoga ポーズ 3

鳩のポーズ

腹部伸ばし ＋ 体幹強化

手のひらを返すことで胸がしっかりと開いて背中への刺激が増し、柔軟性も高まります。骨盤を立てて行うので、腸腰筋《ちょうようきん》が鍛えられ、体幹強化にもつながるポーズ。肩こりやむくみの解消にもぴったり。

右ひざを曲げ、左脚を後ろに伸ばして座ります。左ひざを曲げて足先を左ひじにかけるようにして、キープ。右腕を肩甲骨から回すようにして、頭の後ろで両手を組みます。さらに手のひらを返し、胸を開いてゆっくり呼吸。元の姿勢に戻し、反対側も同様に行います。骨盤を立て、おなかが前につき出ないようにしましょう。

カラダがかたい人はカンタンver.

脚を上げず、胸をしっかり開くだけでもOK

右ひざを曲げ、左脚は後ろでひざを曲げるようにして座ります。頭の後ろで両手を組み、手のひらを返して、上体を左に倒します。おなかがしっかりと伸びることで、内臓にも刺激を与え、活動的に。

上級 ayayoga ポーズ 4

浄化のポーズ

腰・腕・背面ストレッチ ＋ 腹筋強化

血液やリンパの流れを促し、体のつまりをオフするポーズ。
頭を下げ、深く前屈をすることで、首や肩がリラックスします。
また、「手のひら返し」で腕を伸ばすことで、
背面全体と腕がしっかりと伸び、体のこりもやわらぎます。

カラダがかたい人はカンタンver.

背面で手を組み
「手のひら返し」で背中を刺激

腕を倒せない人は、背面においたままでもOK。腕を後ろに回し、仙骨の後ろあたりで両手を組み、手のひらを返します。慣れてきたら、腕を徐々に上げていきましょう。前屈がつらいときはひざを曲げて。

こぶし1個分ほど両足を開き、お尻を天井に向けてつき出すように前屈します。ひざは軽く曲げたままでよいので、仙骨(骨盤の中央)がまっすぐ伸び、上体を股関節から深く曲げた状態にすること。首に力を入れずにあごを引き、両手を組んで手のひらを返し、腕を前に倒してまっすぐ伸ばします。ゆっくりと5回ほど呼吸をし、元の姿勢に戻します。

aya's Massage 1

“筋肉も脂肪も体にとっての洋服。「どう着こなすか」が大事”

よく「くびれをつくる」というけれど、私は「つくるではなく、戻す」と表現しています。もともとあったはずなのに、筋肉の上に脂肪を“重ね着”して見えなくなってしまったくびれも、お肉を薄くし、使っていなかった筋肉を刺激して目覚めさせれば、確実に戻ってくるのです！

「腹筋を割りたい」というのも同じ。ぽっこりおなかの奥ではちゃんと割れた腹筋があるから、大丈夫。ただし、冬眠中の筋肉はドアを1回たたいたくらいでは起きません。何度も「起きて！」と声をかけないと反応してくれないから、毎日コツコツと刺激を与えて。

筋肉が冬眠から覚めるころには、脂肪の重ね着も薄くなっているはず。筋肉はすてきに着こなさなくっちゃ、もったいない！

aya's Massage 2

“大人になってからの「美しさ」は立ち居振る舞いにあらわれる”

「盛りメイク」じゃないけれど、若いころは盛ることが可愛いとかきれいの基準。トレンドを追いかけ、自分の好きなファッションを身につけていればある程度可愛く見えていたし、個性的なファッションも受け入れられていたと思う。

でも、大人になるにつれ、自分にとって本当に必要なものだけが残り、ファッションもメイクもシンプル志向になっていきませんか？　そしてごてごてと着飾らなくなったときに、大切になるのが自身の土台となるボディ。バランスが整った体だけでなく、姿勢やしぐさも、美しさの基準に。

背中を使って正しく立つことができるだけで、美人度がぐっと上がります。さっそうと歩く姿は自信にあふれ、若々しく見えますよね。

自身も20kg減量し、ぽっちゃり体型から抜け出した経験があるからこそ伝えられる「きれいをかなえるためのメッセージ」、お届けします。

part 6

aya's Message

aya's
Massage
3

“太れたんだからやせられる。「やせる楽しみ」に変えてしまえばいい”

太るのは一瞬だけれど、やせるのは大変と思っている人が多いのでは？　私から言わせれば「太るのも一瞬、やせるのも一瞬」！ 何もしないで太る人はほとんどいないですよね。そこには原因がちゃんとある。もちろん、たいていの原因は食べすぎだけれど、もし「食べるのがやめられない」なら、筋肉を動かしてあげればいいだけ。いまの自分を楽しみながら、体を動かすことでどう変わっていくか―― その変化を体験できるのって、すごくエキサイティングじゃない？ その過程を楽しめばいいと思う！

aya's
Massage
4

“いまできない人は、明日も5年後も10年後もできない！「いまの積み重ね」が、人生のすべて”

「明日から甘いものをセーブしよう」「明日から走ろう」という人の「明日」は永遠にこないと思っていたほうがいい。自分自身、ぽっちゃり体型のときは「ヤバい」と思いつつも、何も行動に移せずにいました。危機感がなかったし、どこかであきらめもあったから、何かのご縁ですすめられてヨガに行ったことは大きな第一歩でした。しかもそれがいまにつながっていると考えると、行動できたことには感謝ばかりです。

明日10回腹筋をやるんだったら、今日1回でも「こんにちは体操」をしたほうが絶対にいい！　その積み重ねが1週間後、1カ月後のあなたの体をつくるから。人生はそんなに長くない。とにかく「いま」行動して！

aya's Massage 5

“健康的な体に近づけば おのずと 健康的なライフスタイルになる”

「ayayogaメソッド」では、食事については特にルールを設けていません。それは、私自身に、食事制限からダイエットを始めてもうまくいかなかったという実体験があるから。心底食べたいものをガマンするのはとても大変だし、リバウンドの原因になります。

それより、まずは体を動かすこと。徐々に「むくみがとれた」「脚がほっそりしてきた」など見た目の変化を感じられるようになると、思考が変わって「体にいいものはどれかな」とよりよいものを選べるようになってくるはず。いままで何度もリバウンドした人ほど、とにかく１回でもいいので、体を動かすことから始めてほしい。

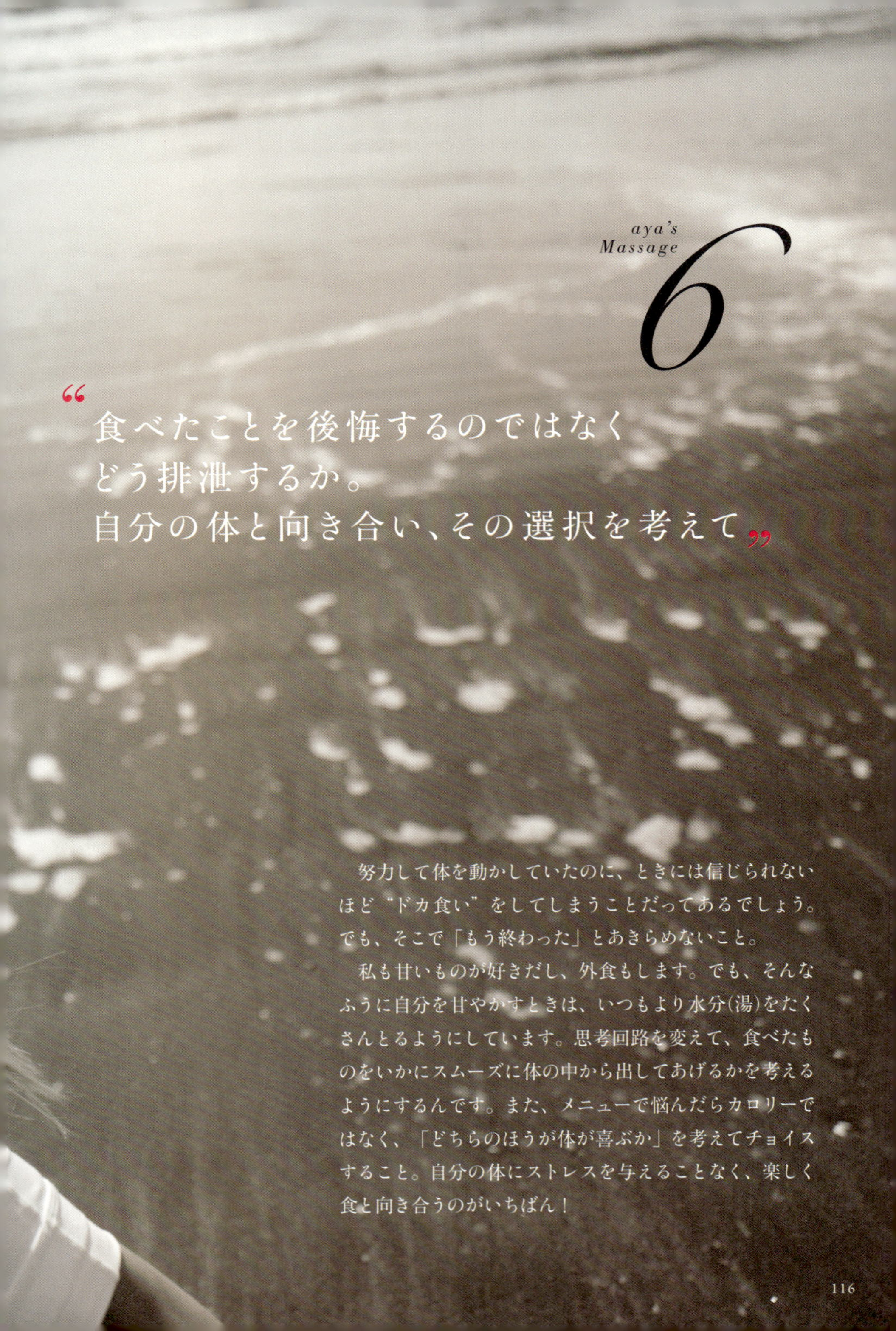

aya's Massage 6

“食べたことを後悔するのではなく どう排泄するか。自分の体と向き合い、その選択を考えて”

　努力して体を動かしていたのに、ときには信じられないほど“ドカ食い”をしてしまうことだってあるでしょう。でも、そこで「もう終わった」とあきらめないこと。

　私も甘いものが好きだし、外食もします。でも、そんなふうに自分を甘やかすときは、いつもより水分(湯)をたくさんとるようにしています。思考回路を変えて、食べたものをいかにスムーズに体の中から出してあげるかを考えるようにするんです。また、メニューで悩んだらカロリーではなく、「どちらのほうが体が喜ぶか」を考えてチョイスすること。自分の体にストレスを与えることなく、楽しく食と向き合うのがいちばん！

aya's Massage 7

“「きれいになりたい」の気持ちを恥ずかしがることはない。そして絶対にあきらめない自分でいること!”

年齢を重ねると、いつからか「きれいになりたい」と口に出すことをためらうようになってしまいますよね。でも、バッグの中に口紅を忍ばせている女性ならだれしも、心の奥底では「いつまでもきれいでいたい」と思っているはず。ヨガクラスの生徒たちを見ていてもわかります。ゆるっとしたTシャツを好んでいた人たちも、体が変わるとたいてい、体にフィットしたウエアを着るようになります。自分が進化していくことで、自然と自信がわいてくるんですよね。

「人生100年」といわれる時代。年齢を重ねることを楽しめる自分でいたいし、きれいになることを絶対にあきらめないでほしい。

もっと知りたい！ ayayoga Q&A

だれにでもできるよう考案された体操「ayayogaメソッド」。ひと足先に体験した人から寄せられた質問に回答します。続けるためのヒントにして！

Q 体がかたいのですが、大丈夫でしょうか？

A 「こんにちは体操」は、胸を開いて腕を後ろに引くだけ。体がかたくても問題なくできると思います。長年使わずにいた背中はかたくなっているかもしれませんが、続けることで柔軟性が戻ってきます。もしも手のひらを返すこともできなかったり、返すときに痛みがあるという人は、まず病院で診察を受けたほうがいいでしょう。

Q 三日坊主になりがち。どうしたらいいですか？

A 歯みがき前に1回、信号待ちで1回……など、たとえ1回でもいいので「こんにちは体操」を「してみる」ことから始めてみて。また、ひとりではサボってしまうという人は家族や友人と一緒にやってみるのはどうでしょう。何回やったかを競ったりSNSに投稿したりすれば、やる気が出てくるはず。

Q 「ayayogaメソッド」では、なぜ食事制限をしなくてもよいのですか？

A いきなり食事制限をすると挫折する人が多いからです。それよりもまず体を動かして少しの変化に気づくことから始めてください。ぽっちゃりだった私の経験上、体が変わり始めると自然と食への意識も変わってきます。だからいつも生徒たちにも「食べたいのなら食べて」と伝えています。ただ「何を食べるかは考えてみて」と。カフェオレにするのかブラックコーヒーを選択するのか、パンなのか玄米なのか。カロリーよりもそのとき体が喜ぶものを選んで、と。ひとつひとつの選択が、明日の体をつくることを忘れないで。

Q 「ayayogaメソッド」は長時間やってもいいのですか？

A 体を大きく変えたいなら10セットでも！ できるだけたくさん行ってほしいのですが、一気にやる必要はありません。「こんにちは体操」はテンポよく1分も続ければ体がポカポカして、心地よい疲労感が得られます。息が上がりすぎないくらいを目安に続けて。

Q 初めてやってみたら、筋肉痛になりました。休んだほうがいいですか？

A 筋肉痛になるのは普通。次の日に筋肉痛が起こる人もいれば、三日後に「痛い」と感じる人も。いずれもふだん使っていなかった筋肉に刺激が伝わり、きちんと使えた証拠です。「ayayogaメソッド」はハードな筋トレではないので、ガマンできないほどの激しい痛みがない限り、続けても問題ありません。1日休んでしまうよりも、1回でもいいので「こんにちは〜」と胸を開いてください。

Q 「ayayogaメソッド」の体操やストレッチをするとき、呼吸はどうしたらいいですか？

A 動きに慣れるまではポジションや呼吸は気にせずに、とにかく体を動かしてみる、背中に刺激を与えることを意識するのが先決。動きに慣れてきたら「鼻から息を吸って鼻から吐く」呼吸を取り入れると、横隔膜や肋間筋が大きく収縮し、肋骨が正しい位置に戻り、ウエストシェイプにつながります。動きと呼吸を連動させるときは、脱力するときに、息を吐いてください。

Q もうすぐ還暦。いまから始めても変わりますか？

A もちろん！ 今回のモニターさんにも60代のかたがいらっしゃいますが、2週間でサイズのみならず体のラインがかなり変わり、まだ変わり続けています。残念ながら日々、体は衰えていきますが、筋肉はきちんと鍛えてあげれば、確実にこたえてくれます。また、「腕伸ばしスクワット」は足腰もしっかり鍛えられるので、転倒予防や腰痛・ひざ痛の予防にも役立ちます。やせる目的だけでなく、健康寿命を伸ばすためにも、ぜひトライしてほしいです。

ayayoga Epilogue

「10年前の自分といまの自分、どちらが好きですか？」

――私は「いまの自分！」と自信をもって即答することができます。

そして、10年後もきっと、同じように「いまの自分が好き」と答えるでしょう。


20kgやせて、何が変わった？ とよく聞かれますが、それはもう、人生すべてが変わりました！ 仕事はもちろんのこと、食事のとり方も、選ぶ服も。


いまは大勢の人の前に立ち、ヨガを教えていますが、昔は人の目を見て話すことができませんでした。太っていて自分に自信がもてなかった。

人は見た目ではないというけれど、やはり見た目も大切です。


「きれいですね」とほめられて怒る女性はいないですよね。

女性にとって「きれい」は魔法の言葉。だれしも心のなかでは「きれいになりたい」と思っているはずです。そして、そのきれいの基準は人それぞれ。

みなさん、ダイヤモンドの原石なのです。みがけばキラキラと輝ける。どういう姿になりたいのかイメージをもって取り組むことが、きれいになれる第一歩です。そして、その原石をみがくひとつの手段が「こんにちは体操」と「腕伸ばしスクワット」。使っていなかった背中に喝を入れる気持ちで意識して動かせば、くびれも、ヒップアップもかないます。

ヨガやエクササイズはライフスタイルを豊かにするツールです。体が変われば、心も変わる。当然、生き方も変わっていきます。

今回、「ａｙａｙｏｇａメソッド」を試してくれたモニターさんたちも、体が変わったことで「甘いものを控えるようになった」「糖質のとりすぎに注意するようになった」と、自然と食や生活の見直しができるようになってきました。呼吸や姿勢を常に意識するようになったという人も。また、二の腕やウエストがほっそりしてきたことで、「洋服選びも楽しくなった！」と、すてきな笑顔ももらいました。

そんなふうに何かひとつでもいいので、変化に気づいてほしいのです。

「10回多くできた」「汗をかけた」——それが自信につながります。

年齢を重ねると「いまさら無理……!?」とも思いがちですが、年齢は関係ありません。筋肉は必ずこたえてくれます！

ayayoga Epilogue

胸を大きく開くことで、気持ちも明るくなります。そう、まさに「オープンマインド！」


“いまの自分”は、これまでたくさんの選択をしてきた結果です。

人生はいま、この瞬間の積み重ね。

「明日やろう」ではなく、「いまやろう！」――

私もリハビリ中に「ヨガに行ってみよう」という選択をしなければ、こうしてみなさんの前に立つこともありませんでした。


この本を閉じたら、胸を開いて大きな声で「こんにちは！」と背中に刺激を与えてみてください。明日への第一歩を踏み出せるから。

みなさんにも、「ayayogaメソッドを試してよかった」「背中を鍛えてよかった！」と思っていただけたら、うれしいです。

ayayoga

aya wears...

※価格はすべて税別表記です。

シースルーブラトップ 参考商品、ラインシースルーレギンス 参考商品／以上 lululemon（lululemon GINZA SIX）

ピンクブラトップ ¥7,200、レギンス ¥14,200／以上 lululemon（lululemon GINZA SIX）

ブルーブラトップ ¥7,200、レギンス ¥14,200／以上 lululemon（lululemon GINZA SIX）

黒ホルターネックレオタード ¥8,200／Chacott（チャコット）

黒レオタード ¥10,000／Chacott（チャコット）

袖フリルトップス ¥18,000、ピンクブラトップ ¥10,000、ピンクレオタード ¥8,500／以上DANSKIN（ゴールドウイン カスタマーセンター） サンダル ¥17,000／ダイアナ（ダイアナ 銀座本店）

白ブラトップ ¥7,500／lululemon（lululemon GINZA SIX） デニム／スタイリスト私物

白タンクトップ ¥11,389、 レギンス ¥15,186／以上 easyoga（イージーヨガジャパン）

Shop list

イージーヨガジャパン
☎03-3461-6355

ゴールドウイン カスタマーサービスセンター
☎0120-307-560

ダイアナ 銀座本店
☎03-3573-4005

チャコット
☎0120-919-031

lululemon GINZA SIX
☎03-5537-5387

aya

ヨガクリエイター。ヨガスタジオ『syaraaya』主宰。留学先のアメリカで交通事故に見舞われ、リハビリのために始めたヨガにより、体調を回復したばかりか、大規模な減量にも成功。ハタヨガ、ハタヴィンサヤ、アシュタンガ、シヴァナンダヨガなどを学んだのち、指導者の道を志す。クラシックバレエ、ボディワークアウト、呼吸法などをとり入れたオリジナルのプログラムは「必ず変われる」と口コミが広がり、予約のとれない人気教室に。ヨガをする楽しさを伝え、一人ひとりの個性を見抜いてパフォーマンス能力を確実に上げていく的確な指導は、ビギナーからプロアスリートまで、幅広く評判を得、女優やモデルからの信頼も厚い。また、海外にも精力的に赴いて世界のヨガトレンドを吸収し続けるほか、美容マニアとしても知られ、化粧品やグッズの開発も行っている。著書に『一生に一度のパーフェクトなカラダに出会う30日』(KADOKAWA) がある。

staff

装丁・本文デザイン／西岡大輔、上杉勇樹、中澤愛美、齋藤樹奈、渡邉 萌（ma-h gra）
撮影／曽根将樹（PEACE MONKEY）
　　　伊東祐輔（モニター分）(PEACE MONKEY）
スタイリング／豊島優子
ヘア＆メイク／松田美穂
マネジメント／宮島 萌、呉藤里香（エイベックス・マネジメント）
構成／田中 希
取材・文／岩淵美樹
編集担当／中島由佳子（主婦の友社）

一気《いっき》にくびれる ayayoga《アヤヨガ》 背中革命《せなかかくめい》

2019年 8 月20日　第1刷発行
2020年 7 月31日　第5刷発行

著　者　aya《あや》
発行者　平野健一
発行所　株式会社 主婦の友社
〒141-0021　東京都品川区上大崎 3-1-1
目黒セントラルスクエア
☎03-5280-7537（編集）
☎03-5280-7551（販売）
印刷所　大日本印刷株式会社

ISBN 978-4-07-438340-5